KB182179

건강한 소프트웨어를 위한 **설계 리뷰** 바로잡기

리뷰의 기술

review

MACHIGAI DARAKE NO SEKKEI REVIEW written by Shuji Morisaki

Copyright © 2013 by Shuji Morisaki
All rights reserved.

Originally published in Japan by Nikkei Business Publications, Inc.

건강한 소프트웨어를 위한 **설계 리뷰** 바로잡기

리뷰의 기술
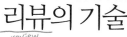

초판 1쇄 발행 2014년 6월 12일

지은이 모리사키 슈지
옮긴이 김주란, 강성용
펴낸이 장성두
펴낸곳 제이펍

출판신고 2009년 11월 10일 제406−2009−000087호
주소 경기도 파주시 문발로 141 뮤즈빌딩 403호
전화 070−8201−9010 / **팩스** 02−6280−0405
홈페이지 www.jpub.kr / **이메일** jeipub@gmail.com

편집부 이민숙, 이 슬, 이주원 / **소통·기획팀** 현지환
본문디자인 성은경 / **표지디자인** 미디어픽스
용지 신승지류유통 / **인쇄** 해외정판사 / **제본** 광우제책사

ISBN 978-89-94506-95-1 (93000)
값 18,000원

제이펍은 독자 여러분의 아이디어와 원고 투고를 기다리고 있습니다. 책으로 펴내고자 하는 아이디어나 원고가 있으신 분께서는 책의 간단한 개요와
차례, 구성과 저(역)자 약력 등을 메일로 보내주세요.　　　　　　　jeipub@gmail.com

건강한 소프트웨어를 위한 **설계 리뷰** 바로잡기

리뷰의 기술
review

모리사키 슈지 지음 / 김주란, 강성용 옮김

제이펍

▶▷ 차례

옮긴이 머리말

우리의 소프트웨어 개발 문화는 분명히 이전보다는 나아지긴 했지만, 아직 발전해야 하는 부분이 너무나도 많다. 그중 가장 중요한 것은 바로 소프트웨어 설계다. 설계에 대한 각종 문서와 서적이 그렇게 많이 존재함에도 불구하고, 우리나라 대표 소프트웨어 중에 제대로 된 설계 과정을 거친 것이 얼마나 될지 역자 또한 궁금하다. 설계 자체가 이렇게 미비한 상황에서 설계에 대한 리뷰 문화가 어느 정도의 수준일지는 알아볼 필요조차 없을 것이다. 분명, 작금의 소프트웨어 산업의 위기는 속칭 굴뚝산업이라고 불리는 제조업에 기반을 둔 산업 구조가 적잖은 영향을 미쳤을 것이다. 하지만 업계 자체의 노력이 소프트웨어의 보편성, 확장성, 견고함 등의 품질 요소보다는 인건비, 일정 등의 요소에 더 많이 집중된 것에 기인한다는 사실을 부인할 수는 없다.

이제는 소프트웨어 개발 문화가 바뀌어야 할 시점이다. 견고한 설계에 기반하여 유연하게 구축된 소프트웨어가 다수의 사용자 기반을 통해 글로벌 소프트웨어로 발전할 수 있는 토양을 마련해야 한다. 그 시작은 분명 소프트웨어 설계가 될 것이다. 이 책은 그러한 소프트웨어 설계에 빠질 수 없는 올바른 리뷰 방법에 대해 다룬 책이다. 소프트웨어 업계 종사자라면 누구나 잘 알고 있듯이, 버그나 결함의 규모와 영향력에 상관없이, 발견하는 시점이 빠르면 빠를수록 비용을 절감할 수 있다. 그리고 그러한 버그나 결함을 가장 빨리 찾아낼 수 있는 방법이 바로 설계에 대한 '리뷰'이다. 설계에 대한 리뷰가 특별한 절차나 문서화된 프로세스를 반드시 필요로 하는 것은 아니지만, 잘못된 리뷰 방법이 시간과 비용을 축내고 있는 것만은 사실이다. 리뷰 자체의 중요성과 방법에 대한 올바른 가이드라인이 제공된다면 개발 조직에서 리뷰 절차를 수립하는 데 도움이 될 수 있다. 200쪽이 채 안 되는 이 얇은 책은 그 목적에 정확하게 부합하는 책이라고 생각한다.

저자는 이 책을 통해 리뷰 과정에서 쉽게 발생하는 잘못된 관행들과 절차, 리뷰 참석자들의 자세와 관점에 대해서 이야기하고 이를 개선하기 위한 방법과 리뷰 프로세스에 대해 이야기하고 있다. 그리고 추가적으로 리뷰 효과를 높이기 위한 다양한 기법들을 소개한다. 물론, 이 책 때문에 소프트웨어 개발 문화나 설계 문화 자체가 바뀔 수 있다고 생각하지는 않는다. 하지만 좀 더 많은 개발자가, 개발 조직이, 회사의 경영진이 설계와 설계 과정에서의 리뷰에 대한 중요함을 깨우칠 수 있는 시금석이 되기를 바랄 뿐이다.

옮긴이 김주란, 강성용

머리말

"요구사항명세서나 설계문서를 리뷰하는 데 많은 시간을 들이고 있지만 정작 중요한 문제는 놓친다. 설계상의 문제를 발견하고 개선하기 위한 리뷰회의가 문서 작성자를 괴롭게만 한다. 문서 서식이나 형식 오류에 대한 지적만 계속될 뿐 정작 중요한 문제 지적은 뒷전이다. 리뷰 내내 관리 지표에 할당된 페이지당 문제 검출 수를 맞추기에 급급하다."

필자는 IT 개발 현장에서 이러한 이야기를 많이 들어왔다. 이러한 리뷰의 문제가 무엇인지 알겠는가? 바로 잘못된 리뷰 방식 때문이다. 이러한 잘못된 리뷰를 반복해서는 아무런 효과를 얻을 수 없다. 필자는 원래 IT 엔지니어였다. 그 당시에 리뷰 방식에 대한 문제를 인식하고 있었고, 연구원이 되면서 이 문제를 연구 주제 중 하나로 정했다. 연구의 일환으로 이제까지 소프트웨어 개발에 종사하는 400여 기업의 협력을 얻어 현장의 리뷰 방식을 자세히 조사해 왔다. 리뷰 대상인 문서, 검출된 문제, 리뷰회의의 영상, 리뷰 때 놓쳐 테스트할 때 검출된 문제 등의 데이터를 수집하고, 리뷰어인 IT 엔지니어에게 리뷰 문화에 대한 감상이나 풀어나가야 할 과제에 대해 들었다.

이 책에는 잘못된 리뷰 방법을 연구하면서 알게 된 다양한 사례를 소개하고 있으며, IT 현장에 따라 다소 차이가 있을 수 있겠지만 일반적으로 만연한 문제들이다. 이러한 문제가 국내에 국한된 것만은 아니다. 해외 콘퍼런스나 외국과의 공동 연구를 통해 다른 나라 역시 잘못된 리뷰가 만연함을 느꼈다.

다만, 국내의 경우 '리뷰어가 열심히 하지 않아서 중요한 문제를 놓쳤다'고 리뷰어에게 책임을 전가하는 경향이 있다. 이런 생각이 올바를 리 없다. 내가 아는 대부분의 리뷰어는 한정된 시간 동안 가능한 한 많은 문제를 검출하려고 노력하고 있다. 때로는 완성도가 떨어지는 문서 내용을 여러 가지로 보충해서 이해해 가며 문제를 검출하려고 애쓴다. 그러다 보면 리뷰회의가 예정된 시간을 훌쩍 넘기도 하지만 말이다.

그러나 노력만으로는 리뷰의 품질을 높이는 데 한계가 있다. 안타깝지만, 아무리 시간을 들여도 중요한 문제를 놓치는 일이 좀처럼 줄어들지 않는다. "아직 노력이 부족해, 조금 더 열심히 하자!"고 구호를 외치는 것은 현장을 피폐하게 할 뿐이다. 실제로 리뷰의 효과를 높이기 위해서는 더 많은 노력이 필요한 게 아니라 리뷰의 방법을 재검토해야 한다. 일반적으로 IT 엔지니어는 상사나 선배로부터 리뷰 방법을 배워 리뷰를 하게 되지만, 그 방법에는 개선의 여지가 많다.

그럼 어떻게 리뷰를 진행해야 할까? 이 책에서 소개하는 효과적인 리뷰 방법은 누구나 실천할 수 있는 리뷰 순서를 보여주는 것이다. 팀의 리더와 리뷰어 몇 사람이 문서 작성자와 함께 리뷰회의를 열어 문제를 지적하는 전형적인 팀 리뷰의 형태를 가정하여 리더, 리뷰어, 문서 작성자별로 순서를 제시한다. 각각의 순서는 단순히 작업 순서만이 아니라, 리뷰어나 문서 작성자가 가져야 할 마인드(마음가짐)도 포함한다. 리뷰는 본질적으로 리뷰어에 의한 문서 비판이다. 문서 작성자의 마음을 크게 다치게 할 위험한 커뮤니케이션을 동반하기 때문에 리뷰회의의 분위기가 나빠지는 곳도 적지 않다. 그렇기 때문에 올바른 마인드가 필요하다.

제1장에서는 잘못된 리뷰 방법과 그 원인인 리뷰어와 문서작성자의 부적절한 마인드에 대해 자세히 설명한다. 나아가 그러한 잘못을 통해서 리뷰의 본래 목적은 무엇인

지, 어떤 문제를 찾아내야 하는지, 어떤 마음으로 리뷰에 임해야 하는지를 제시한다.

제2장과 제3장은 리뷰의 순서를 다루고 있다. 제2장에서는 리뷰회의를 준비하는 시작 전 순서이며, 제3장에서 리뷰회의와 회의 이후의 순서를 각각 설명한다. 모든 과정을 상세하게 나눠 구체적으로 무엇을 해야 하는지, 주의해야 할 점은 무엇인지 알기 쉽게 설명한다.

제4장에서는 리뷰 효과를 더욱 높이기 위한 방법으로, 리뷰의 개선방법과 효율적인 진행방법, 유지보수 개발이나 애자일agile 개발 등의 개발 타입별 리뷰 순서를 제시한다. 부록에서는 리뷰 관점의 선택과 집중에 따라 어떻게 효과가 달라지는지 실제로 검증한 결과를 기재했다.

앞서 이야기했듯이 이 책에서는 팀 리뷰로 가정하여 순서를 설명하지만, 그 순서는 리뷰어가 혼자서 하는 '개별 리뷰'에서도 활용할 수 있으며, 일부 과정만 적용해도 된다. 현장의 리뷰 방법을 갑자기 바꾸기는 쉽지 않을 테니 단계적으로 적용하여 실천해 보고 이 책을 통해 좀 더 나은 리뷰 문화를 만들 수 있기를 바란다.

지은이 모리사키 슈지

베타리더 후기

고승광(플랜티넷)

체계적인 개발 회사가 아닌 이상 설계나 리뷰, 테스팅 등에 대해서는 실무와 경험을 통해 주먹구구식으로 배우게 되는데, 이 책 덕분에 리뷰를 배울 수 있고, 효과적으로 수행할 수 있을 것 같습니다. '학교, 회사에서 가르쳐 주지 않는' 시리즈로 2탄이 나오면 어떨까요?

손창원(NHN 엔터테인먼트)

프로젝트 초기인 리뷰 단계에서 검출하면 적은 시간과 노력으로 수정할 수 있는 문제를 운영 단계에 발견하게 될 경우, 이를 수정하기 위해서는 수십 배의 시간과 노력이 필요하듯이 리뷰의 중요성과 함께 효율적인 리뷰 방법과 마음가짐을 알려주는 좋은 지침서입니다.

최승호(SK 커뮤니케이션즈)

내 단점이 보일까봐 소극적이던 리뷰, 어깨너머로 배운 어설픈 리뷰가 이렇게 전문적일 수 있다니 느낌이 참 새로웠습니다. 효과적으로 리뷰를 시작하는 방법, 리뷰회의에서의 커뮤니케이션 방법 등 책은 얇지만 필요한 정보만 꽉 차 있어 부족함이 없었습니다.

제이펍은 책에 대한 애정과 기술에 대한 열정이 뜨거운 베타리더들로 하여금
출간되는 모든 서적에 사전 검증을 시행하고 있습니다.

실패한 리뷰들,
도대체 무엇을 놓치고 있는가

왜 사소한 지적이 많은가?
리뷰의 목적부터 다시 생각하자

사소한 문제를 반복해서 지적하거나 문서 작성자를 헐뜯는 등 IT 현장에는 이러한 잘못된 리뷰가 만연하다. 리뷰 본래의 목적을 상기하며 효율적인 리뷰를 실천해 보자.

예전에 IT 벤더에 근무했을 때, 웹 기반 개발 프로젝트에 프로젝트 매니저와 시스템 엔지니어로 참가하여 리뷰 관련 업무를 맡았던 적이 있다. 직접 리뷰를 작성하기도 하고 의뢰하기도 했다(제3자로서의 리뷰를 포함). 그 후 대학에서 리뷰 문화를 연구하게 되었고, 400여 곳이 넘는 기업으로부터 상담을 받아 수많은 현장을 봐왔다. 그 경험을 통해 내가 느낀 바는 리뷰에 들인 노력만큼의 효과를 거둔 현장이 극히 드물다는 것이다. 안타깝게도, 실패한 리뷰를 되풀이하고 있는 현장이 많다.

대부분 요구사항 명세서나 사양서, 설계문서 같은 문서 리뷰에 많은 인원과 시간을 할애하고 있는데도 심각한 문제를 놓치는 경우가 많다. 결국 심각한 문제가 테스트 과정에서 발견되고, 납기일까지 밤을 새워 수정작업을 한다. 이는 시스템 통합SI 프로젝트에서 흔히 볼 수 있는 광경이다.

여러분의 리뷰 현장은 어떤가? 실패한 리뷰의 전형(그림 1-1)인 '생각나는 대로 말하기', '건수 채우기', '문서 작성자 헐뜯기' 중 해당되는 것이 있는지 체크해 보자.

생각나는 대로 말하기

리뷰어마다 리뷰 관점이 제각각이라서 각자의 전문분야와 관련된 문제 외에 오탈자 같은
사소한 문제를 많이 거론한다.

건수 채우기

문제의 지적 건수를 늘리는 일에만 신경을 써 중요한 문제를 검출하는 데 소홀하게 된다.
리뷰어에게 지적 건수가 할당된 경우 자주 일어나는 일이다.

문서 작성자 헐뜯기

리뷰어가 문제를 자꾸 지적하는 사이에 점차 문서 작성자를 헐뜯는 장으로 변질되어 간다.

그림 1-1 흔한 실패 리뷰의 예

IT 현장에서 흔히 볼 수 있는 실패 리뷰의 예를 나타냈다. 당신의 현장 리뷰는 해당되지 않는가?

발견하기 쉬운 오탈자를 반복해서 지적

첫 번째 예로 든 상황이 실제 리뷰회의에서 가장 흔히 발생한다. 리뷰어 사이에서 어떤 문제를 지적할지 방침을 정하지 않고, 생각나는 대로 문제를 이야기하는 상황이다. 머릿속에 떠오르는 대로 말하기 때문에 리뷰어 각자의 전문 분야에 관한 질문 외에 찾기 쉬운 오탈자 같은 사소한 문제를 자꾸 이야기한다. 리뷰 시간의 대부분을 사소한 문제 지적으로 허비하고, 그만큼 중요한 문제에 대한 지적이 줄어들게 된다.

지적 건수 할당량을 채우면 리뷰는 끝

두 번째는 건수 채우기 리뷰이다. 문서 한 페이지당(또는 리뷰 1시간당) 문제 지적 건수에 할당량을 정한 경우 자주 일어난다. 지적 건수는 리뷰를 착실하게 잘 진행했는지 판단하는 근거가 되기도 한다. 하지만 그 수치만 따지게 되면 반대로 불성실한 태도를 유발한다.

예를 들어, 리뷰회의에서 할당량을 달성한 순간 "이 정도로 끝내자"는 분위기가 감돈다. 반대로 할당량을 채우지 못할 것 같으면 진행을 맡은 리더가 "두 건 부족합니다. 뭔가 없습니까?"라며 당황하기 시작한다. 그래도 문제가 발견되지 않으면 점점 더 초조해져 지적 건수를 실제보다 불리는 일도 있다. 그런 경우 '빠르다/이르다' 같은 미묘한 오자를 찾거나 이미 지적한 문제를 두 개로 나누기도 한다.

문서 작성자를 헐뜯는다

세 번째는 바로 리뷰어가 문서 작성자를 악평하는 리뷰이다. 문서 내용에 관한 문제를 지적하기보다 "이런 실수를 하다니 있을 수 없는 일이라고!" "할 마음이 있는 건지 모르겠군" 등의 말로 작성자의 인격을 공격한다. 리뷰어는 작성자를 비판할 생각이 아니었다고 해도 문제를 지적하는 사이에 점차 비난으로 확대되는 경우가 있다.

누구라도 여럿의 리뷰어에게 뭇매를 맞으면 견디기 어렵다. 이 때문에 자기 방어를 위해서인지 리뷰어의 지적에 무턱대고 반발하는 작성자가 있다. "예외처리가 빠져 있으니 추가해 주십시오"라는 타당한 지적에 "그런 예외는 듣지 못했으니 수정할 필요는 없습니다", "수정은 제 책임이 아닙니다"라고 거절하는 식이다.

리뷰로 고생하는 상황은 다른 나라도 마찬가지

다소 과장된 예라고 여길지 모르지만, 이러한 실패 리뷰는 다양한 현장에서 일어난다. 사실 세계적으로 봐도 요구사항 명세서나 사양서, 설계문서 등의 문서 리뷰는 순조롭게 진행되지 않는다. 나는 독일의 프라운호퍼 연구협회FhG, Fraunhofer Gesellschaft와 공동으로 리뷰 워킹 그룹Working Group of International Research Cooperation on Software Inspections을 주도적으로 운영하고 있다. 그 워킹 그룹에서도 역시 잘못된 리뷰의 개선 방법을 검토하고 있다. 리뷰로 고생하고 있는 곳은 국내 현장만이 아니다.

그런 상황을 타파하는 방법을 제시하는 것이 책의 취지이다. 그렇다고 획기적인 방법이 있는 것은 아니다. 이 책에서 제시하는 성공적인 리뷰의 비결은 리뷰 본래의 목적과 이론적인 순서를 제대로 실천하는 것이다.

이 말이 약간 실망스러울지도 모르겠다. 그러나 리뷰 본래의 목적과 이론을 제대로 이해하고 리뷰를 진행하는 곳은 거의 없다. 다들 어깨너머로 배워 온 리뷰를 아무런 의심 없이 이제까지 해온 방식 그대로 진행하고 있을 뿐이다.

잘못된 목적과 방식으로 리뷰를 하는 한 리뷰의 효과를 생각만큼 얻을 수 없을 것이다. 그런 상태에서 리뷰를 강화한다는 구호 아래 리뷰의 인원과 시간, 리뷰할 문서를 늘리는 건 현장 사람들을 더욱 피폐하게 할 뿐이다.

리뷰의 효과를 얻기 위해서는 목적을 명확히 하고 이론에 충실한 리뷰를 시행해야 한다. 그럼, 가장 먼저 잘못된 리뷰 목적에 대해서 살펴본다.

리뷰의 목적은 수정 공수 줄이기

문서 리뷰는 요구사항을 정리하거나 설계하는 과정에서, 개발하고자 하는 시스템의 잠재적인 문제를 미리 발견하는 데 목적이 있다. 리뷰 단계에서 문제를 발견하면 실제 구현이나 테스트 과정에서 문제를 발견하는 것보다 훨씬 쉽게 문제를 해결할 수 있으며, 이는 곧 비용의 문제로 직결된다. 결국, 문제를 미리 발견하여 비용을 절감하는 것이 리뷰를 시행하는 가장 큰 목적이다.

문서에 포함된 문제에는 '화면에 표시하는 에러 메시지의 오탈자'처럼 설계 단계에서 발견하든 구현이나 테스트 단계에서 발견하든 수정 공수*에 큰 차이가 없는 것이 있다. 그런 문제는 요구사항 명세서나 설계문서의 리뷰에서는 반드시 적극적으로 검출할 필요는 없다. 제한된 리뷰 시간에 최대한의 효과를 보기 위해서는 비용 효과가 높은 문제를 먼저 지적해야 한다(그림 1-2).

어쩌면 이런 생각에 위화감을 느낄지도 모른다. 현장의 IT 엔지니어들은 종종 "리뷰의 목적은 완벽한 문서가 되도록 모든 문제를 검출하는 것이다. 구현이나 테스

---

* [역주] 작업에 필요한 인원수를 노동시간이나 노동일로 나타내는 개념으로, 직종에 따라 인시(人時, man-hour) 또는 인일(人日, man-day)로 나타낸다. 이 책에서도 인시와 인일을 사용한다.

트 단계로 문제를 넘겨서는 안 된다"라고 말하기도 한다. 물론, 이 의견을 결코 부정하지 않는다. 규모가 작은 개발 안건이라면 모든 문제를 검출할 수도 있다. 규모가 큰 경우라도 완벽한 문서를 만들 수 있다면 그보다 좋을 수는 없다. 예외적으로 문서가 사용자에게 배포되거나 공개되는 경우에는 서식이나 표현에도 배려가 요구되며, 완벽한 문서를 지향해야 할 것이다.

 완벽한 문서가 되도록 모든 문제를 지적한다.

길어지는 리뷰 시간 때문에 리뷰어들은 피곤해진다.
발견하기 쉬운 오탈자처럼 사소한 문제를
지적하는 데 귀중한 시간을 허비하기 쉽다.

리뷰어　　　　문서 작성자

 비용 효과를 높인다.
(수정 공수를 크게 줄일 수 있는 문제 위주로 지적한다.)

한정된 인원과 시간으로 수정 공수를 최대한 낮춘다.

리뷰어　　　　문서 작성자

그림 1-2 리뷰 목적
완벽한 문서가 되도록 리뷰에서 모든 문제를 지적하려고 하면 무리를 하게 된다. 리뷰어 인원도, 시간도 한정된 상황에서는 비용 효과(수정 공수를 얼마만큼 줄일 수 있는가)를 높이는 데 목적을 두어야 한다.

그러나 대다수의 프로젝트에서 리뷰에 충분한 시간을 내기는 어려운 일이다. 한정된 시간에 오탈자를 포함한 모든 문제를 검출하려고 하면 무리를 하게 된다. 결과적으로 '생각나는 대로 말하기'처럼 귀중한 시간의 대부분을 사소한 문제를 검출하는 데 허비하기 쉽다.

이때, 실제 리뷰를 진행하기 위해서는 작업 공수가 발생한다는 사실을 기억해야 한다. 리뷰회의를 시작하면 리더급 또는 전문가와 같은 작업 공수 단가가 비싼 IT 엔지니어가 여러 명 모이기 때문에 적지 않은 인적 비용이 발생한다. 그러므로 리뷰는 이러한 비용을 낼 만큼 효과적이어야 한다.

실패한 리뷰의 두 번째 예인 '건수 채우기'도 잘못된 목적 때문에 발생한다. 비용 효과라는 원래의 목적은 잊어버린 채 문제 지적 건수에 대한 할당량을 달성하는 데 목적을 두는 것이다. 그런 리뷰에서는 사소한 문제 지적이 늘어나므로 공수 단가가 비싼 IT 엔지니어가 여럿 모이더라도 그만큼의 효과를 얻을 수 없다.

비용 효과로 이어지는 문제란?

그렇다면 어떤 문제를 검출해야 비용 효과로 이어질까? 예를 들어, 어느 워터폴 Waterfall형 개발 프로젝트의 설계문서 리뷰회의에서 애플리케이션 간 리소스 경합 Race Condition에 관한 문제를 검출했다고 해보자. 설계문서의 수정과 확인에는 1인 시*의 공수가 들었다. 만약, 리뷰에서 이 문제를 놓쳐서 통합 테스트에서 발견했다면, 얼마만큼의 수정 공수가 필요하게 될까? 그 견적은 다음과 같다.

---

* [역주] 인시(人時). 한 사람이 한 시간에 할 수 있는 작업량

설계문서 수정과 확인 :	1인시
소스코드의 수정과 확인 :	4인시
수정 확인 테스트·회귀 테스트 :	7인시
합계	12인시

설계문서 수정과 확인뿐 아니라 소스코드 수정과 확인, 수정 확인 테스트·회귀 테스트Regression test도 필요하게 되어 수정 공수는 12인시로 불어난다. 즉, 이 프로젝트에서는 리소스 경합의 문제를 설계문서 리뷰에서 발견함으로써 11인시의 공수를 절약하는 비용 효과가 있었다는 뜻이다.

향후 확장과 유지보수에 대해서도 같은 식으로 비용 효과를 생각할 수 있다. 확장과 유지보수에서 공수를 늘리는 문제가 발견되면 그 문제 역시 리뷰에서 지적해야 한다.

리뷰 결과는 리뷰어의 마인드에 따라 크게 좌우된다

리뷰가 잘 되지 않는 원인은 잘못된 목적(및 그로 인한 잘못된 방법)뿐만이 아니다. 또 다른 원인으로는 리뷰에 대한 IT 엔지니어의 잘못된 마인드(마음가짐)를 들 수 있다. IT 엔지니어의 마인드에 따라 리뷰 결과는 크게 좌우된다.

잘못된 마인드의 대표적인 예가, 앞서 언급한 '문서 작성자 헐뜯기'다. 리뷰어가 '작성자를 꼼짝 못하게 만들자'라는 부정적인 마인드를 갖고 있다면 비용 효과로 이어지는 문제 지적이 가능할 리 없다. '문서 작성 시에 실수는 으레 따라다니게 마련이다', '좋은 시스템을 만들기 위해 서로 협력해서 조기에 중요한 문제를 검출하자'라는 긍정적인 마인드를 의식적으로 유지할 필요가 있다. 이는 단지 마음가짐이 아니라 리뷰어에게 필요한 기술이다.

1. 문제 검출 단계
리뷰어가 문서를 읽고, 비용 효과가 있는 문제를 발견한다.

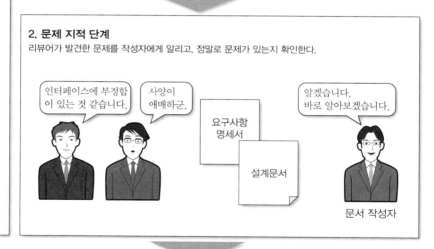

2. 문제 지적 단계
리뷰어가 발견한 문제를 작성자에게 알리고, 정말로 문제가 있는지 확인한다.

문서 수정

그림 1–3 리뷰의 문제 검출과 문제 지적 단계
문서 리뷰의 주요 부분은 크게 '문제 검출'과 '문제 지적' 단계로 구성되는데 두 가지 모두 중요하다.

'문제 검출'만큼 중요한 '문제 지적'

이 책에서는 제1장에서 잘못된 리뷰의 전형적인 예를, 이어 제2장과 제3장에서 비용 효과를 높이는 리뷰의 실천 방법을 소개한다. 이후의 내용을 계속 읽어나가면서 리뷰의 핵심은 '문제 검출'과 '문제 지적'이라는 두 가지 단계로 구성된다는 사실을 기억해 두길 바란다(그림 1–3). 리뷰의 전체 순서는 제2장과 제3장에서 설명한다.

문제 검출에서는 리뷰어가 문서를 읽고 비용 효과가 높은 문제를 발견한다. 이것이 문제 지적으로 이어져 발견한 문제를 문서 작성자에게 전달하고, 다른 리뷰어나 문서 작성자와 함께 확인한다.

문제 지적은 문제 검출만큼 중요하다. 애써 문제를 발견해도 리뷰어의 지적 방법이 올바르지 않다면 문서 작성자가 적절히 수정할 수 없거나 험악한 분위기가 되기 때문이다. 문제 지적 방법은 커뮤니케이션 기술이다. 이를 습득하는 일도 리뷰 효과를 높이는 데 빼놓을 수 없다.

이후 1–2절에서는 잘못된 문제 검출방법을, 1–3절에서는 잘못된 문제 지적 방법을, 1–4절에서는 잘못된 문제 지적 마인드를 각각 설명한다.

정리

- 생각나는 대로 말하기, 건수 채우기, 문서 작성자 헐뜯기 같은 잘못된 문서 리뷰가 만연하다.
- 리뷰를 하는 가장 큰 목적은 앞선 단계에서 문제를 검출함으로써 수정 공수를 줄이는 것이다.
- 리뷰 결과는 리뷰어의 마인드에 따라 크게 좌우된다.
- 리뷰에서는 '문제 검출'만큼 '문제 지적'도 중요하다.

시간을 낭비하고 중요한 문제를 놓치는 네 가지 안티패턴

문제를 검출할 때 리뷰어가 하기 쉬운 몇 가지 잘못이 있다. 특히 주의해야 할 잘못으로 '인간관계 끌어들이기', '작성자 마인드', '두 마리 토끼 잡기', '시간부족'이 있다. 이 네 가지 잘못만 피해도 문제 검출시간을 줄이고, 동시에 놓치는 문제도 줄일 수 있다.

문서 리뷰에서는 리뷰 관점을 정확히 결정한 상태에서 각 리뷰어가 문서를 읽고 문제 검출을 한 다음, 리뷰회의를 열어 문제를 지적한다. 여기서는 문제를 검출할 때 특히 주의해야 할 전형적인 잘못을 이야기한다. 바로 '인간관계 끌어들이기', '작성자 마인드', '두 마리 토끼 잡기', '시간 부족' 네 가지이다. 앞의 두 가지는 리뷰어의 잘못된 마인드(마음가짐)이고, 뒤의 두 가지는 리뷰어의 잘못된 검출방법이다.

이 네 가지 모두 리뷰어가 잘못을 인식하지 못하고 되풀이하는 경우가 적지 않다. 이는 문제 검출시간을 단축하면서 중요한 문제를 놓치는 실수를 줄이기 위해 꼭 개선해야 한다. 앞으로 이 네 가지의 전형적인 안티패턴*과 그 방지책을 차례로 살펴본다.

---

* [역주] 실제 많이 사용되는 패턴이지만 비효율적이거나 비생산적인 패턴

인간관계 끌어들이기

리뷰어는 문제를 검출할 때 작성자와의 사적인 인간관계를 끌어들여 문서를 더 엄격하거나 더 느슨한 시선으로 보는 경향이 있다(그림 1-4). 조언을 귀담아듣지 않거나 서로 사이가 나쁜 IT 엔지니어가 작성한 문서의 문제를 검출할 때면, "어디 한번 혼쭐을 내줄까?"라는 생각이 자신도 모르는 사이에 생겨난다.

나도 그런 경험을 한 적이 있다. 몇 번을 말해 줘도 고치지 않는 후배가 작성한 문서에서 문제를 발견하고는 "앗, 이거 이전에도 지적했을 텐데"라는 생각이 드는 순간, "이 녀석은 발전이 없군", "도대체 할 마음이 없군" 등의 생각이 스쳤다. 정신을 차려보면 문서의 문제가 아니라 작성자의 문제를 찾고 있음을 깨닫게 된다.

그림 1-4 인간관계 끌어들이기

이처럼 문서의 문제를 찾아낼 때 "혼 좀 내주자", "적당히 하자"라는 의식이 작용하는 경우가 있다. 그렇게 되지 않도록 리뷰의 목적을 상기하며 마음을 다잡도록 노력해야 한다.

더욱 극단적인 예를 들면, 내가 작성한 문서에 대해 자잘한 것까지 모두 지적한 상대방에게는 당하고만 있을 수 없단 생각에 나 역시 그 사람이 작성한 문서의 사소한 문제를 모조리 밝혀내려고 한다. 반대로, 존경하거나 사이가 좋은 상대방의 문서면 "제대로 작성했겠지", "차마 트집을 잡을 수 없어"라고 문제 검출을 대강 하는 리뷰어도 있다. 뒷감당이 무서운 상대나 될 수 있으면 관련되고 싶지 않은 상대의 경우에도 마찬가지다.

리뷰 목적을 한 번 더 확인한다

이처럼 문제 검출을 할 때 작성자와의 인간관계를 끌어들이는 일은 정도의 차는 있지만 누구나 하는 실수이다. 리뷰어는 문서의 문제 검출과 인간관계를 별개로 생각해야 하지만, 인간은 감정의 동물이기 때문에 그렇게 쉽게 따로 떼어 생각할 수 없다.

문제를 검출할 때 인간관계를 끌어들이지 않기 위해 항상 리뷰의 목적을 반복해서 재확인한다. "이 문제를 지적하면 수정 공수가 줄어드는가?", "수정 공수를 줄이기 위해 지적해야 할 문제를 모두 찾아냈는가?"라고 계속 자문한다.

목적을 잊지 않기 위한 기술적인 방법이 제2장에서 설명하는 검출 시나리오를 바탕으로 한 리뷰이다. 시나리오에 따라 문제를 검출함으로써 중요한 문제 검출에 집중할 수 있다.

작성자 마인드

리뷰할 문서를 읽는 사이에 "이 정도로 엉망이면 문제를 하나하나 찾기보다 차라리 내가 처음부터 다시 만드는 게 빠르겠다"라고 생각한 적은 없는가? 그래서 실제로 리뷰어가 문서를 전반적으로 수정해 버리는 경우가 더러 있다(그림 1-5). 이는 리뷰어가 문제의 중요도에 관계없이 사소한 문제가 너무 많아 하나하나 지적하기 힘든 경우 일어나기 쉽다.

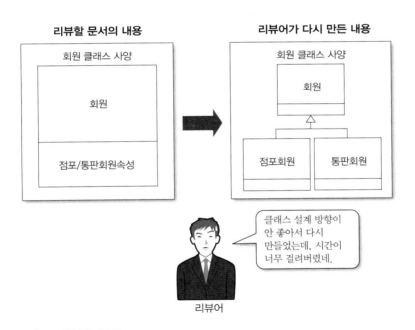

그림 1-5 작성자 마인드
리뷰어가 작성자 대신 문서를 처음부터 다시 작성하느라 정작 문제 검출에는 소홀해진다. 리뷰어의 본분은 문제의 검출과 지적이며, 문서 수정은 시간적인 여유가 있을 때만 하는 편이 좋다.

한편, 리뷰어에 따라서는 별로 중요한 문제가 아닌데도 "이건 ○○ 구조로 바꿔

놓는 게 좋아"라며 자신이 선호하는 기술이나 기법으로 바꾸려는 경우도 있다. 이는 기술적인 경험이 풍부한 리뷰어일수록 범하기 쉬운 실수이다.

다시 만드는 데 시간을 빼앗겨 정작 문제 검출은 소홀히

여기서 "기술적인 경험이 풍부한 리뷰어가 다시 만드는 건 괜찮다"라고 생각하는 사람도 있을 것이다. 하지만 리뷰에서는 리뷰어가 문제를 검출하고 지적하여 문서 작성자가 수정하는 것이 원칙이다. 리뷰어가 문서를 다시 만들면 그 때문에 시간을 빼앗겨 문제 검출에 소홀해진다. 주객이 전도된 격이다. 더욱이 리뷰어가 한 사람인 경우, 다시 만든 내용을 리뷰할 사람이 없다는 문제도 발생한다.

좋은 대안을 제시하기보다 중요한 문제를 검출하는 일이 리뷰어에게 우선순위가 높은 일이다. 이 점을 의식해서 스스로 다시 만들고 싶어도 참아야 한다. 문서에 문제가 많아 진저리가 나더라도 그중에서 중요한 문제를 확실하게 검출하는 것이 야말로 리뷰어로서 실력을 보여주는 일이다.

문제가 너무 많아 어쩔 도리가 없는 문서가 있다면 작성자가 다시 만들 필요가 있다. 그런 경우에도 리뷰어 혼자서 마음대로 정하는 것이 아니라 리뷰회의에서 의논하여 어떻게 할지 정해야 한다. 처음부터 문서를 다시 만들기보다는 현재 문서를 살려 수정한 쪽이 공수가 적은 경우가 많다.

두 마리 토끼 잡기

'두 마리 토끼를 잡으려다 둘 다 놓친다'라는 말은 문제 검출에도 해당된다. 에러 처리의 정의, 기능 간의 의존관계, 자원 누수Resource leak와 같은 다양한 문제의 리뷰 관점이 있을 때, 한 번에 여러 리뷰 관점에서 문서를 체크하려고 하면 머릿속이 복잡해진다. 이런 경우 문서를 몇 번 읽어도 중요한 문제를 놓치고 있다는 불안감은 사라지지 않고, 문제 검출을 좀처럼 끝내지 못하거나 중요한 문제를 놓치기도 한다(그림 1-6).

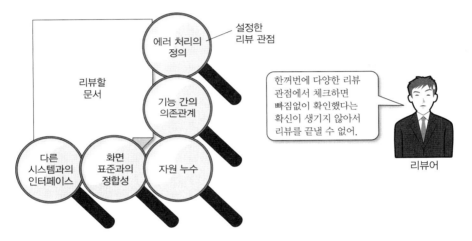

그림 1-6 두 마리 토끼 잡기
문서를 읽으면서 한꺼번에 모든 리뷰 관점으로 체크하려고 하면 효율이 나빠지기 쉽다. 문제를 전부 검출했다는 만족감을 느끼기 어렵고, 불안감 때문에 좀처럼 문제 검출을 끝내지 못한다.

여러 리뷰 관점으로 한꺼번에 문서를 체크하기보다 한 가지 리뷰 관점으로 문서를 처음부터 끝까지 읽고, 두 번째 리뷰 관점으로 또 처음부터 끝까지 읽는 방법이 결과적으로 중요한 문제를 놓치는 실수를 줄이면서 리뷰 시간을 단축해 준다. 물론, 리뷰어의 스킬과 리뷰 관점의 내용에 따라서는 이 방법이 맞지 않는 경우도 있지만 한번 시도해 보기 바란다.

그렇다고 리뷰 관점을 세세하게 나눌 필요는 없다. 리뷰 관점이 비슷하거나 체크해야 할 문서의 페이지가 같으면 합치는 것이 좋다. 예를 들어, 에러 처리의 정의라는 리뷰 관점과 에러 번호가 정의대로 작동되는가의 리뷰 관점은 비슷하기 때문에 함께 체크한다. 다른 예로, 기능 간의 의존관계와 자원누수는 유사성이 적고 체크해야 할 곳도 다르기 때문에 리뷰 관점을 나누어 작업하는 편이 효과적이다.

적절치 못한 시간 분배

리뷰어에게 있어 문제를 검출하는 데 걸리는 시간이 넉넉한 경우는 극히 드물다. 설령 리뷰회의 일주일 전에 리뷰할 문서가 배포되었다고 해도 다른 작업을 하면서 틈틈이 문제를 검출해야 한다.

그럼에도 불구하고 리뷰어는 문제를 검출하는 초반에만(문서의 첫 부분 또는 문제 검출 리뷰 관점의 초기 몇 개) 시간을 들이는 경향이 있다. 그러다 마감시간을 넘기게 되고, 문서의 마지막까지 훑어보지 못한 채(모든 리뷰 관점을 체크하지 못한 채) 리뷰회의에 참가하게 된다(그림 1-7). 리뷰어가 "집중해서 문제를 검출해야지"라고 마음먹을수록 이 잘못된 방법에 빠질 위험성이 높다.

시간이 부족한(바꿔 말하면, 적절치 못한 시간 분배) 상황에 빠지지 않기 위해서는 문제 검출의 작업 공수를 예측해 보는 것이 효과적이다. 문제 검출 작업을 여러 개로 분할하고, 각 검출 작업에 대략적인 시간을 예상해서 계획을 세우는 것이 좋다. 세밀하게 예측할 필요는 없다. 리뷰 관점과 확인해야 할 범위를 고려해서 '예외 처리의 누락은 한 기능당 10분씩 확인', '에러 코드가 통일되어 있는지는 문서 전체를 확인해야 하므로 1시간 동안 한꺼번에 체크' 등으로 예상해 본다.

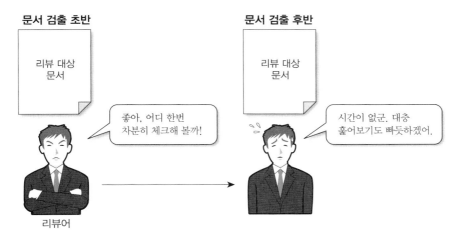

문서 검출 초반 — 리뷰 대상 문서 — "좋아, 어디 한번 차분히 체크해 볼까!"

문서 검출 후반 — 리뷰 대상 문서 — "시간이 없군. 대충 훑어보기도 빠듯하겠어."

리뷰어

그림 1-7 시간 부족(적절치 못한 시간 분배)
시간 분배를 생각하지 않고 느긋하게 문서를 체크하다 보면 후반에는 시간이 부족해져 대강 훑어보게 된다.

정리

● 문제 검출에 인간관계를 끌어들이면 문서를 보는 눈이 더 엄격해지거나 더 느슨해진다.

● 리뷰어가 문서를 처음부터 다시 만들다 보면 정작 문제 검출에는 소홀해진다.

● 다양한 리뷰 관점으로 한꺼번에 문서를 체크하려고 하면 안 된다.

● 문제 검출 초반에 많은 시간을 들이면 후반에는 시간이 부족해진다.

계획과 중재가 없는 어수선한 리뷰회의

리뷰어가 각자 문제를 검출한 후에는 문제 지적의 꽃인 리뷰회의가 열린다. 그러나 리뷰회의는 시간이 오래 걸리는 데 비해 중요한 문제를 다 지적하지 못하고 끝나기도 한다. 계획과 중재가 없는 잘못된 리뷰회의의 예를 살펴보자.

시스템 구축 프로젝트에서는 여러 회의가 열린다. 그중에서도 참가할 때 특히 마음이 무거운 회의는 문서의 문제를 지적하는 리뷰회의가 아닐까? 거기다 회의시간이 길어지기라도 하면 초조해진 리뷰어는 문서 작성자를 비판하거나 리뷰어끼리 언쟁을 벌이기도 한다. 따라서 시간이 오래 걸리는 데 반해 중요한 문제를 다 지적하지 못하고 끝내는 경우가 적지 않다.

앞의 1–2절에서는 리뷰어가 개별적으로 문제를 검출할 때의 잘못된 검출방법에 대해 설명했다. 이제부터는 문제 검출 후에 열리는 리뷰회의에서의 문제 지적에 대해 이야기해 보겠다. 여기서 다루는 계획이나 중재가 없는 리뷰회의를 '잘못된 문제 지적'으로 본다면, 1–4절에서는 리뷰어가 문서 작성자를 헐뜯는 등 '잘못된 마인드'에 대해 다룬다.

특히, 여기서는 리뷰회의의 잘못된 방법을 다룬 1-3절은 리뷰어보다는 회의의 진행자가 알아두어야 할 주의점을 중점적으로 다룬다. 그러나 리뷰회의의 원활한 진행을 위해서는 참가한 리뷰어가 진행자를 잘 따라줘야 하기 때문에 리뷰어 역시 알아두면 도움이 되는 내용이다. 또한, 리뷰어와 문서 작성자의 1대1 개별 미팅에서도 진행자로서의 노하우를 발휘할 수도 있다.

그럼 리뷰회의를 '준비', '진행', '완료' 세 단계로 나누고, 흔히 발생하는 잘못과 그에 따른 올바른 방법을 소개하겠다.

계획성 없는 끝나지 않는 리뷰(준비 단계)

리뷰회의를 준비할 때 빼놓을 수 없는 작업 중 하나는 개최일시를 정하는 일이다. 사소한 일이라고 생각할 수도 있지만, 회의 시간을 오후 7시나 8시처럼 퇴근 이후의 시간으로 정하는 실수를 쉽게 한다.

늦은 시간대라면 참가자 전원이 모이기 쉬운 데다 회의실도 잡기 쉬운 장점이 있다. 하지만 회의가 심야에 이르면 집중력이 떨어지고, 그러다 보면 회의 시간이 길어진다. 이런 문화가 고착되면 어떻게 될까? 참가자는 처음부터 '리뷰회의가 있는 날은 어차피 늦게 끝나'라고 체념하고 회의에 참가하게 된다. 그렇게 회의는 길어져 '끝나지 않는 리뷰'가 되어버리는 것이다(그림 1-8).

그런 이유로 리뷰회의 종료시각은 가급적 늦지 않도록 해야 한다. 회의 시간으로는 집중력을 유지하기 쉬운 낮 시간이 바람직하다. 참가자의 사정으로 저녁에 할 수밖에 없는 경우라도, 회의가 늦은 저녁까지 한없이 계속되는 것은 피해야 한다.

그림 1-8 계획성 없는 끝나지 않는 리뷰
리뷰회의가 길어져 늦은 저녁까지 이어지면 집중력이 떨어져서 효율이 나빠진다. 가장 책임이 무거운 사람은 진행자이다. 가급적 회의를 낮에 개최하도록 계획하고, 할 수 없이 밤에 시작하는 경우에도 회의 진행 시간을 두 시간이 넘지 않도록 한다.

회의 전에 회의 시간을 두 시간으로 제한하고, 두 시간을 넘길 것 같으면 다음 회의 날짜까지 미리 정해 둔다. 다음 회의 날짜를 미리 정해두었다고 해서 당일 끝낼 수 있는 회의를 다음 회의까지 미룰 필요는 없다. 바쁜 와중에 리뷰회의를 몇 번씩 하고 싶은 참가자는 없으므로 당일에 끝내고 싶은 심리가 작용하여 집중력이 높아질 것이다.

다툼, 주제 이탈의 방치(진행 단계)

리뷰회의 진행 중에 리뷰어와 문서 작성자 또는 리뷰어들 사이에서 의견 대립이 일어나면, 폭언이 오가며 감정적인 논쟁이 되기도 한다. 즉 '다툼'이 일어난다. 다툼이 일어나면 리뷰회의가 지연되는 것은 물론이고, 당사자들 사이에 회복 불가능한 균열이 생겨버릴 수도 있다.

다툼이 일어나지 않도록 주의를 기울여야겠지만, 가끔은 너무 진지하게 논의하다 다툼이 일어나는 일도 있다. 예를 들면, 리뷰어가 설계 내용의 사양 변경까지 예측해야 한다는 지적을 했더니, 작성자는 사양 변경에 대해 결정하는 것은 별개의 문제라고 대응하는 경우이다. 어느 쪽 말이 맞는다고 할 수도 없고, 의견이 첨예하게 대립하면 때로 감정적으로 되는 것도 어쩔 수 없는 일이다. 다툼을 완전히 피하기는 어렵다.

어쩔 수 없는 다툼보다 더 나쁜 것은 다툼을 그대로 방치하는 것이다(그림 1-9). 그대로 방치하면 다툼은 점차 확대되어 가는 법이다. 진행자는 다툼이 일어날 것 같으면 되도록 빨리 그 싹을 없애야 한다.

그러기 위해서는 "당신의 의견은 설계 내용에 사양 변경까지 예측한 내용이 들어가야 된다는 거죠?", "사양 변경에 대해서는 별개의 문제라고 주장하고 있는 거죠?"라고 이야기하여 대립하고 있는 당사자들의 의견을 각각 확인하는 것이 좋다. 그렇게 의견이 대립하는 부분을 분명히 짚어준 뒤에, 다른 리뷰어의 의견을 듣거나 하여 매듭지을 부분을 찾는다. 만약 다툼이 너무 커져서 수습할 수 없을 경우에는 일단 휴식 시간을 갖고 당사자와 개별적으로 이야기하는 방법도 있다.

진행자 혼자서 이런 중재를 하기에는 어려울 때가 있다. 중립적인 입장에 있는 다른 리뷰어도 방관하지 말고 진행자를 돕는 것이 중요하다.

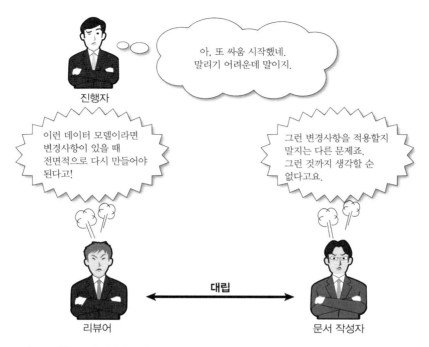

그림 1-9 다툼, 주제 이탈의 방치
문제를 지적할 때는 리뷰어와 문서 작성자, 또는 리뷰어끼리 의견이 대립하여 때로 감정적으로 행동하게 된다. 그런 상황을 진행자가 방치하면 시간을 낭비할 뿐만 아니라, 회복 불가능한 균열이 생길 수 있다.

회의가 주제에서 벗어나면 주의를 촉구한다

다툼과 마찬가지로 주제에서 벗어난 이야기도 리뷰회의를 지연시키는 원인이다. 이야기가 주제에서 벗어나면 진행자는 가급적 빨리 주의를 주고 논의를 원래대로 되돌린다.

다만, 고참 리뷰어들이 옛 이야기로 이야기꽃을 피울 때처럼 "얘기가 주제에서 벗어났습니다"라고 직접적으로 주의를 주기 어려울 때도 있다. 그럴 때는 "그 얘기 무척 흥미로운데, 다음번에 한 잔 하러 가서 자세히 들려주시죠"라고 완곡한 표현으로 중단시킨다.

주제에서 벗어난 이야기가 나올 때는 진행자에게만 의지할 것이 아니라 리뷰어 개개인의 노력이 필요하다. 권장하는 방법으로는 리뷰회의에서 각 리뷰어가 자기 앞에 자신이 검출한 문제 목록을 놓아두는 것이다. 아직 지적하지 않은 문제가 몇 개 남아 있는지 아는 것만으로도 이야기가 주제에서 벗어나지 않기를 바라는 의식이 강해진다.

그밖에 리뷰회의를 지연시키는 원인이 되는 리뷰어의 부적절한 이야기를 두 가지 소개한다. 하나는 문서 작성자 육성과 팀 내의 정보 공유를 목적으로 한 이야기 이다. 인재육성과 팀 내의 정보공유는 원래 리뷰회의와는 별도로, 직접 관계되는 사람만 모일 기회를 마련해서 실시해야 하는 법이다. 그렇지만 리뷰어나 작성자가 다시 모이기 어려운 경우도 있기 때문에 진행자가 리뷰회의가 끝난 후에 인재 육성과 정보 공유를 위한 시간을 마련하도록 제안하는 것도 좋을 것이다.

다른 하나는 지적한 문제에 대한 수정방법과 수정 내용이다. 물론, 수정방법과 수정 내용을 전혀 의식하지 않고 문제만을 지적하기란 어려운 일이다. 그러나 간결하게 설명할 수 있는 경우가 아니라면 이야기가 길어지거나 논쟁으로 번질 수 있으니 자중하는 것이 좋다. 모든 리뷰어가 문제를 지적하고 나서, 그 우선순위를 정할 때 수정방법과 수정 내용을 생각하는 편이 효율적이다. 이때 정말로 수정이 필요한지도 생각해 본다.

갑작스러운 종료 선언(완료 단계)

각 리뷰어의 문제 지적이 대강 마무리되고, 회의실 예약시간이 지났거나 문제 검출 수가 어느 정도 나왔을 경우, 갑자기 리뷰회의가 끝날 때가 있다(그림 1-10). 1-1절에서 문제가 된 '건수 채우기'는 이 잘못된 방법의 한 형태이다. 이는 리뷰회의를 잘못 운영하는 것이다. 리뷰회의를 끝내기 전에 진행자를 중심으로 잊지 말고 해야 할 네 가지 사항이 있다.

문제 수가 그런대로 나왔으니
리뷰회의를 종료합니다.
수고했습니다.

진행자

다른 중요한
문제가 있을 것
같은데, 괜찮을까?

도대체 어떤
문제부터
수정해야 되지?

리뷰어

문서 작성자

그림 1-10 갑작스런 종료 선언
회의실 예약 시간이 끝나거나 규정된 문제 검출 수를 채웠다고 해서 갑자기 리뷰회의를 종료하는 것은 심각한 문제다. 다급하게 회의를 종료하여 해야 할 일들을 놓치지 않도록 해야 한다.

첫 번째는 지적된 문제를 토대로 그와 연관된 문제를 놓치고 있지 않은가 확인해야 한다. 예를 들면, 문서 작성자가 어느 배치 작업의 시작 조건을 착각했다는 사실을 알았을 경우, 같은 종류의 배치 작업을 모두 체크한다. 각 리뷰어의 지적이 대강 끝난 시점에서 진행자가 시간을 주고, 참가자 전원이 재검토하는 것이 좋다. 이 작업을 통해서 새로운 문제를 발견할 때가 종종 있다.

두 번째는 지적된 문제가 편중되어 있는지 확인해야 한다. 문제 유형, 문서의 특정 부분, 리뷰어에 따라 문제 건수가 의도치 않게 편중되어 있는지를 진행자의 리딩하에 모든 참가자가 체크하도록 한다. 특정한 문제 유형이나 문서의 특정 부분에 편중된 점이 있으면 문제가 적게 노출된 부분을 다시 면밀히 조사하고, 특정 리뷰어가 문제 지적을 적게 했을 경우에는 추가 발언 기회를 준다.

대응 방침 결정이나 수정작업의 할당을 잊지 않도록 주의

세 번째는 지적된 문제를 하나씩 훑어보고 '수정', '확인 후 수정 여부 판단', '보류'와 같은 대응 방침을 정해야 한다. 리뷰회의에서 모든 참가자가 수정해야 한다고 생각했던 문제가 나중에 수정할 필요는 없다고 판단되는 경우도 있다. 불필요한 수정을 하지 않기 위해서도 다시 한번 문제를 되돌아보는 일은 매우 중요하다.

마지막 네 번째는 수정작업을 할당해야 한다. 문제마다 담당자와 수정 마감일을 정한다. 기본적으로는 문서 작성자에게 할당되지만, 다른 멤버를 더해서 두 명 이상 담당하는 경우도 있다. 수정작업이 대규모로 발생할 것 같은 문제에 대해서는 모든 참가자가 수정방법과 마감일 등을 협의하는 것도 좋다.

'환상의 리뷰어'를 살리자

'팬텀 인스펙터(phantom inspector)'라는 리뷰 용어를 아는가? 팬텀이란 환상이라는 뜻이며, 인스펙터는 리뷰어와 같은 의미로 쓰이고 있다. 다시 말해 '환상의 리뷰어'라는 뜻이다. 리뷰어가 개별적으로 문서를 체크했을 때는 놓쳤던 문제를 리뷰회의에 모여서 서로 의논하다 보면 쉽게 발견하는 효과를 뜻한다. 실제로는 존재하지 않는 환상의 리뷰어가 참가라도 한 듯 효과가 있다고 하여 그렇게 부르는 것이다.

그렇다고 팬텀 인스펙터가 항상 나타나는 것은 아니다. 리뷰회의에 리뷰어가 모이기만 하면 되는 것도 결코 아니다. 팬텀 인스펙터는 주로 한 리뷰어의 지적 내용에서 다른 리뷰어가 힌트를 얻어 생겨난다. 따라서 각 리뷰어는 각자 미리 검출해 둔 문제를 지적하는 데 그치지 말고, 다른 리뷰어가 지적한 내용을 들으며 리뷰의 새로운 관점이나 문제가 발생한 원인을 생각할 필요가 있다. 진행자도 팬텀 인스펙터를 만들어내는 데 해야 할 중요한 일이 있다. 한 리뷰어가 새로운 문제를 지적했을 때, 그 분야를 잘 아는 리뷰어에게 발언 기회를 주는 것이다. 문제가 발생한 원인이나 비슷한 문제에 대한 이야기를 들으면 참가한 모든 리뷰어가 문제를 발견하기 쉬워진다.

정리

- 집중력 있는 리뷰회의를 진행하기 위해 밤보다는 낮 시간대에 리뷰회의를 연다.
- 감정적인 논쟁이 일어났을 때, 진행자나 다른 리뷰어는 방치하지 말고 의견의 대립점을 정리하거나 휴식 시간을 가져서 수습한다.
- 리뷰회의를 끝낼 때, 지적된 문제를 토대로 연관된 문제를 놓치지 않았는지 확인한다.
- 마지막으로, 지적된 문제를 하나씩 되돌아보며 대응 방침을 결정하고 수정작업을 할당한다.

보여주기식 경쟁으로 쓸데없는 지적을 하고 있지 않은가?

'다른 리뷰어가 중요한 문제를 지적하니까 나도 뭔가 지적하고 싶다' 리뷰어들은 종종 이러한 경쟁심 때문에 무의미한 지적을 하기도 한다. 여기서는 리뷰회의에서 리뷰어가 갖기 쉬운 잘못된 마인드를 소개한다.

리뷰회의에 리뷰어 또는 문서 작성자로 참가했을 때, 다른 리뷰어의 태도에 초조한 경험은 없는가? 지각하거나 준비를 제대로 해오지 않거나 계속 소곤대거나 휴대전화를 만지작거리는 등의 무례한 태도는 논외지만, 리뷰어가 진지한 태도로 리뷰회의에 임했어도 저지르기 쉬운 잘못이 있다. 그 대표적인 예가 '보여주기식 경쟁', '헐뜯기', '의도적인 묵인' 세 가지이다. 세 가지 모두 리뷰어가 문서 작성자에게 문제 지적을 할 때 하는 잘못이며, 헐뜯기는 리뷰어가 한 명인 개별 리뷰에서도 마찬가지다. 하나씩 상세하게 살펴보자.

보여주기식 경쟁

가장 먼저 살펴볼 것은 리뷰어끼리의 경쟁이다. 리뷰어를 맡은 IT 엔지니어는 저마다 자존심을 갖고 있다. "다른 리뷰어한테 지지 말아야지" 하는 마음이 들면 리뷰회의는 리뷰어끼리 자존심을 걸고 경쟁하는 곳이 되어버린다. 다른 리뷰어가 예리한 지적을 하면 '나도 뭔가 지적해야지'라는 마음이 들 때가 있다. 혼자만 중요한 문제를 지적하지 못하고 있을 때는 더욱 그렇다. 그래서 다른 리뷰어가 지적한 내용을 단순히 말을 바꾸거나 문제 지적과는 상관없는 질문을 해서 적당히 넘어가려는 경우가 있다(그림 1-11).

그림 1-11 보여주기식 경쟁
자신만 문제를 지적하지 않으면 체면이 구겨진다는 이유로 리뷰어가 의미 없는 발언을 하기도 한다. 그런 경쟁심은 시간 낭비를 초래할 뿐이다.

리뷰회의를 준비하는 데 시간을 충분히 할애했음에도 중요한 문제를 놓쳐 버리는 일도 있다. 그런 경우 리뷰어는 다음 리뷰에서 만회할 수 있도록 노력한다. 체면치

레를 위한 보여주기식 지적은 다른 리뷰어에게 금방 들통이 날 게 뻔하다.

제2장에서 설명할 검출 시나리오를 리뷰어에게 분담하면 각 리뷰어의 역할이 명확해져 이와 같은 보여주기식 경쟁에 따른 지적이 줄어든다.

자신의 기술지식을 끝없이 과시한다

다른 리뷰어의 지적으로 기술적인 내용이 나왔을 때, 자신이 그 기술에 해박함을 과시하려고 장황하게 이야기하는 경우도 있다. 기술지식은 설계 내용을 개선하기 위한 보충 정보가 되기 때문에 무조건 쓸데없다고는 할 수 없지만, 리뷰회의에서 기술지식을 길게 얘기하는 것은 효율적이지 못하다.

리뷰회의에서는 "그 기술에 대해서는 상세한 자료를 갖고 있으니 필요하면 드리겠습니다", "○○이라는 프레임워크로 대체하는 방법도 있지요"라는 식으로 가볍게 언급하는 정도로 그치자. 리뷰회의의 휴식시간이나 종료 후에 관계자끼리 자세한 이야기를 하는 것도 좋다.

헐뜯기

리뷰회의에서 문제를 지적했을 때, 문서 작성자가 지적 내용을 순순히 받아들이려고 하지 않았던 경험은 없는가? 문서에서 초보적인 실수가 잦아서 "스스로 체크조차 안 하는 모양이군", "어떻게 이렇게 무책임하지!"라고 화가 치민 적은 없었는가?

그럴 때 리뷰어는 "기본 중의 기본도 안 되어있군!"이라고 빈정거리는 말이라도 한마디 하고 싶어지는 법이다. 예를 들면 다음과 같은 말이다.

"이 장애가 발생했을 때의 대응 순서는 장애를 파악하는 담당자와 대처하는 담당자가 같다는 전제로 세워진 것 같군요. 장애를 파악하고 대처하는 담당자는 따로 구분해야 합니다. 그런 건 기본 중의 기본이지요. 그것도 모르고 썼나요?"

이 지적의 앞부분은 문제를 지적하고 있지만, 뒷부분은 '기본 중의 기본도 모르나?'라는 헐뜯기다. 이런 비판을 한다고 문서의 품질이 향상되진 않는다. 이는 시간 낭비에다가 리뷰회의의 분위기를 나쁘게 할 뿐이다.

문서 작성자가 좀처럼 지적 내용을 인정하려고 하지 않는 경우, 리뷰어 여럿이 합세하여 "설계의 본질을 모른다", "감각이 없는 걸 스스로 알고 있나?", "이런 내용은 거의 다 쓸모없다"처럼 헐뜯기가 점차 심해지기 쉽다(그림 1-12).

이런 비판은 작성자의 태도를 바꾸는 데 아무짝에도 쓸모가 없다. 반대로 태도가 더 강경해질 위험성도 있다. 프로젝트에 새로 합류한 멤버나 신입사원에게 마치 세례처럼 헐뜯는 것이 관습이 된 조직이 있는데, 그 효과가 몹시 의문스럽다. 비생산적인 헐뜯기보다 "리뷰어의 지적에 귀를 기울이면 품질을 더욱 향상시킬 수 있다"고 작성자가 지적 내용을 받아들이도록 꾀하는 편이 낫다.

리뷰어의 목적은 초기 프로세스에서 문제를 검출하여 수정 공수를 줄이는 것이다. 본질을 모른다, 감각이 없다, 거의 다 쓸모없다는 등의 말은 문서 작성자가 무엇을 어떻게 수정해야 할지 판단하는 데 아무 도움이 되지 않는다. 즉, 헐뜯기는 리뷰 목적에서 벗어나 있다.

문서의 내용이나 작성자의 태도가 나쁘더라도 꾹 참고 냉정함을 유지하면서 리뷰 목적을 상기해야 한다. 이는 리뷰어가 지녀야 할 중요한 기술 중 하나이다.

그림 1-12 헐뜯기(문서가 아닌 작성자에 대한 지적)
작성자의 별것 아닌 말에 화가 나서 심하게 헐뜯는 경우가 있다. 리뷰어는 되도록 냉정함을 유지할 필요가 있다.

의도적인 묵인

기본적으로 리뷰회의에서 많은 문제가 지적될수록 문서의 수정 공수는 늘어난다. 그 때문에 리뷰회의에서 문제가 너무 많이 지적되면, 리뷰어는 "문제를 더 지적하면 일정이 빡빡해진다", "이 문제까지 지적하면 팀 전체에 피해가 가지 않을까"라고 생각해서 알아낸 문제를 일부러 지적하지 않기도 한다.

이 같은 '의도적인 묵인'은 리뷰어로서의 책임을 포기하는 것과 같다. 중요한 문제를 지적하지 않으면 문제를 뒤로 미루는 것이 된다. 애초에 리뷰 목적이 프로세스

후반에 문제를 검출할수록 수정 공수가 커지기 때문임을 기억해야 한다. 의도적인 묵인은 오히려 프로젝트 팀에 큰 피해를 끼치는 일이다. 문제를 지적해서 일시적으로 수정 공수가 늘더라도, 수정하는 문제에 우선순위를 정하거나 다른 사람과 분담하여 수정하는 등의 어떤 대처방안이 있기 마련이다. 문제 지적은 일정이 빡빡해지는 것과는 따로 떼어 생각하자.

의도적인 묵인은 여러 상황에서 발생한다

의도적인 묵인은 실제로 자주 일어난다. 문제 지적이 많아 일정이 늦어질 염려가 있을 때만은 아니다. 그밖에 의도적인 묵인이 일어나기 쉬운 세 가지 경우를 예로 들어보자.

첫 번째는 리뷰회의가 늦은 밤까지 이어질 경우이다(그림 1-13). 리뷰어는 "이 이상 문제를 지적하면 차가 끊길 시간이야"라고 생각하고 문제 지적을 자제하기도 한다. 이러한 상황은 리뷰회의 시간을 앞당기거나 진행을 원활히 하여 피할 수 있다.

두 번째는 "지적한 문제에 대한 수정을 문서 작성자가 감당하지 못하면 내가 그 수정을 맡아야 한다"고 리뷰어가 걱정하는 경우이다. 하지만 그런 입장에 있는 리뷰어라면 나중에 문제가 발견됐을 때 더욱 늘어난 수정작업을 떠맡을 수 있다. 자신이 문제를 지적하여 수정을 맡게 되더라도 차라리 프로젝트 매니저에게 보상을 요구하는 편이 건설적이다.

세 번째는 "문서 품질이 뛰어나니 심각한 문제는 없겠지"라고 믿어버리는 경우다. 문서의 리뷰가 어느 정도 진행되면 리뷰어는 그때까지 거론된 문제로 유추하여 "문서의 품질이 충분히 높다"고 판단하는 경우가 있다. 그러다 보면 사전에 검출해 둔 문제에 대해 "내가 착각했을지도 몰라. 작성자는 문제를 다 알아채지 않았을까"라는 생각도 든다. 하지만 실제로는 문서 작성자가 문제를 알아차리지 못한 경우가 적지 않다. 문제 지적은 다른 리뷰어가 새로운 문제를 발견하는 힌트로도 연결된다. 문서의 품질이 좋다고 느껴도 망설일 필요는 없다.

그림 1–13 의도적인 묵인
문서에 문제가 있는데도 수정작업으로 늦어지는 일정 등을 생각해서 일부러 지적하지 않기도 한다. 그런 자세는 도대체 무엇을 위한 리뷰회의인가?

지금까지 잘못된 리뷰에 대해 알아봤다. 제1장에서 문제 삼은 잘못된 리뷰는 스스로는 알아채지 못한 채 저지르는 경우가 적지 않다. 한 사람 한 사람이 전형적인 잘못을 인식하고, 평소에 주의를 기울이며, 팀 내에서 서로 체크하는 것도 좋을 것이다.

리뷰를 받는 문서 작성자도 주의하자

리뷰회의에서 리뷰어만 잘못을 범하는 것은 아니다. 지적을 받는 문서 작성자에게도 전형적인 잘못이 있다. 여기서는 리뷰회의에서 문서 작성자가 범하는 실수를 알아보자.

자신이 작성한 문서의 문제를 리뷰회의에서 계속해서 지적받는 것은 누구라도 기분 좋은 일은 아니다. 자기 자신이 비난받는 것처럼 느껴지기도 할 것이다. 그렇다고 해서 "참고한 다른 문서의 내용이 분명하지 않아서……", "문서의 그 부분은 지적받은 의미로 쓴 것이 아닙니다"와 같은 변명은 피하자. 이 같은 변명이 설령 사실이라고 해도 문서의 품질 향상으로 이어지지 않으며 리뷰어에게도 좋은 인상을 주지 않는다. 문서 작성자는 문제를 진지하게 받아들이고 어떻게 수정할지를 생각해야 한다.

남의 일처럼 받아넘기지 않는다

리뷰어가 한 지적을 남의 일처럼 받아넘기려고 해서는 안 된다. 예를 들어 "그 문제에 대해서는 저도 알고 있었습니다", "그런 식으로 써 있던가요?"라고 문서 작성자가 대답하면 리뷰어는 어떻게 생각하겠는가? "이미 알고 있었다면 고쳐서 갖고 오라고!", "시치미 떼고 있는 거야!"라고 리뷰어가 화를 내도 무리가 아니다. 그런 일이 쌓이고 쌓이면 리뷰어 사이에 "문서 작성자의 태도가 나쁘니까 혼내주자"라는 분위기가 감돌지 않겠는가? 그런 리뷰회의는 본래의 목적에서 벗어나 헐뜯기 장이 되고 만다. 그렇게 되지 않기 위해서도 문서 작성자는 지적받은 문제에 대해서 확실히 이해하도록 노력해야 한다. 설령 문서 제출 후나 리뷰회의 중에 문제를 알아챘어도 "감사합니다, 도움이 됐습니다"라고 말하여 긍정적인 태도를 보여준다.

큰 화를 초래하는 작성자의 행동

마지막으로 리뷰어의 큰 화를 부르는 문서 작성자의 두 가지 행동을 소개한다. 다소 극단적인 예라고 생각할지 모르지만 두 가지 모두 필자가 직접 본 일이다. 하나는 문서 작성자가 "그럼 당신이 해보세요"라고 흥분하며 반론하는 것이다. 리뷰어에게 신랄한 말을 들었어도 문서 작성자가 감정적으로 흥분하면 "정색했다", "적반하장"이라고 보여진다. 쉽지 않겠지만 리뷰어와 마찬가지로 문서 작성자도 되도록 침착함을 유지해야 한다.

다른 하나는 리뷰어가 지적한 내용에 대해서 문서 작성자가 "그건 본질을 지적한 것이 아니군요", "그건 토막 상식 수준의 지적이죠"라는 식으로 폄하하는 것이다. 사소한 문제를 지적한다고 문서 작성자가 직접 말하면 사실이 그렇다고 해도 상대방의 감정을 상하게 할 수 있다. 냉정하게 생각해도 사소한 문제라고 판단되면 "이 문제를 수정하는 우선순위는 어떻게 생각하면 좋을까요?"라고 질문하여 사소한 문제를 지적한 것임을 넌지시 알리도록 하자.

정리

- 리뷰회의는 리뷰어들의 보여주기식 경쟁의 장이 되기 쉽다. 회의가 길어지는 것을 방지하기 위해 추가적으로 기술적인 이야기를 할 때는 회의가 끝난 후에 관계자끼리 모여서 하자.
- 헐뜯기는 리뷰 목적에서 벗어난다. 문서의 내용이나 작성자의 태도가 나빠도 리뷰어는 문서의 문제만을 지적해야 한다.
- 지적한 문제를 수정하느라 프로젝트 일정이 연기될까봐 의도적으로 문제를 묵인하면 수정 공수만 늘어날 뿐이다.

2장

본격적인 리뷰 준비와 문제 검출

리더와 문서 작성자의 리뷰 준비: 시나리오 작성

<u>4단계로 구성한 효과적인 리뷰 순서를 소개한다. 가장 첫 단계인 리뷰 준비에서는 리더가 작성하는 시나리오가 중요하다. '어디'를 '어떻게' 리뷰할 것인지 구체적으로 살펴보자.</u>

"리뷰 스킬은 IT 엔지니어로서 지식을 얻고 개발 경험을 쌓아 리뷰를 담당하다 보면 점차 익혀진다" 현장에 만연한 이런 사고방식은 리뷰를 개선하는 데 방해가 된다(그림 2–1). 그러나 정작 IT 엔지니어로서의 스킬이 높은 베테랑이 모여 있는 현장에서도 비효율적인 리뷰를 하고 있는 경우가 적지 않다. 개발 프로젝트에서 단지 리뷰 경험을 쌓았거나 업무지식이나 필요한 기술지식을 쌓은 것만으로는 효과적인 리뷰 스킬을 익힐 수 없다.

잘못된 사고방식은 또 하나 있다. "리뷰에서 중요한 문제를 놓쳐버리는 것은 리뷰를 열심히 하지 않았기 때문이다"라는 인식이다. 중요한 문제를 빠짐없이 검출하기 위해서 리뷰어의 노력이 필요한 것은 분명하다. 하지만 중요한 문제를 놓친 원인을 노력이 부족한 탓이라고 하는 한 리뷰는 언제까지고 개선되지 않는다.

리뷰에서 중요한 문제를 놓치고서는 재작업을 해야 한다거나 출시 후 장애가 발생했을 때 구체적인 방안을 제시하지 않고 "리뷰를 철저히 한다", "리뷰를 강화한다"는 재발 방지책을 세우고 있지 않은가? 이는 다음부터 더 노력하자는 말에 지나지 않는다. 그런 재발 방지책으로는 아무것도 변하지 않는다는 사실을 여러분도 잘 알고 있을 것이다.

리뷰 기술은 IT 엔지니어로서 개발 경험을 쌓고, 계속해서 리뷰를 담당하다 보면 자연히 익힐 수 있게 마련이다.

리뷰에서 중요한 문제를 놓쳐버리는 건 리뷰어의 노력이 부족해서다.

IT 엔지니어

그림 2-1 리뷰에 대한 잘못된 사고방식

리뷰의 표준 순서를 익히자

"IT 엔지니어로 경험을 쌓는 것만으로는 안 돼, 열심히 하는 것만으로도 안 돼, 그러면 어떻게 해야 리뷰를 개선할 수 있지?" 이런 소리가 들려올 것 같다. 리뷰를 개선하기 위해서는 리뷰의 기본이 되는 사고방식과 표준 순서를 익혀야 한다. 애초에 IT 현장에서는 설계, 구현, 테스트에 대한 표준 순서가 정해져 있다. 표준 순서가 있기 때문에 팀으로 공동 작업을 할 수 있으며, 일정 품질을 유지할 수 있는 것이다.

리뷰도 마찬가지다. 여럿의 리뷰어가 순서와 기준 없이 제각각 문서를 검토하는 것은 큰 효과가 없다. 성과물에 문제가 없는가를 눈으로 확인하는 작업은 리뷰의 일부에 지나지 않는다. "이번 프로젝트에서는 어떤 문제를 중점적으로 검출할 것인가?"를 생각하는 것부터 검출한 문제의 수정을 확인하는 데까지가 리뷰이다. 그러한 순서를 밟아 팀으로 공동 작업을 해야 비로소 중요한 문제를 빠짐없이 발견할 수 있다.

하지만 리뷰의 순서 같은 건 들어본 적도 없는 사람이 태반일 것이다. 그도 그럴 것이, 사실 시스템 구축 프로젝트의 리뷰에 적용할 수 있는 표준 순서는 세계 어디에도 없다. '테크니컬 리뷰Technical Review'나 '워크스루walk-through' 같은 범용적인 기법은 있지만, 그러한 기법을 구사하여 시스템 구축 프로젝트에서 어떻게 리뷰를 진행해야 할지 구체적으로 제시한 것은 이제까지 없었다.

또한, 표준 순서를 착실하게 실시하는 것만으로는 충분하지 않다. 리뷰회의에 임하기 전이나 리뷰회의에서의 마인드(마음가짐)도 결과에 크게 영향을 미친다. 그래서 제2장과 다음의 제3장에서는 필자가 다양한 리뷰와 데이터 분석을 통해 검토한 문서 리뷰의 순서를 설명하고자 한다. 거기서 리뷰를 실시할 때의 마인드도 함께 언급하겠다.

설명할 리뷰의 순서는 다양한 시스템 구축 프로젝트에서 적용할 수 있도록 범용성을 지녔다. 따라서 여러분의 현장에서는 순서를 상황에 맞춰 조정하여 적용하길 바란다. 필자는 IT 현장의 리뷰를 근본부터 바꿔야 한다고 생각한다. 그렇기 때문에 이상론이 아닌 현실에 입각한 순서를 제시한다. 이 책을 읽은 여러분이 현장의 리뷰를 개선해 나가길 바란다.

테크니컬 리뷰와 워크스루를 이용한다

순서를 설명하기 전에 리뷰 형태에 따른 분류에 대해서 간단히 살펴보자. 이 책에서 주로 논의되는 리뷰의 형태는 '피어 리뷰peer review*'다. 한마디로 말하면 현장 리

---

* [역주] 동료 평가, 전문가 서로 조사 내용을 검토하거나 연구 내용을 비평하는 일

뷰를 말한다. 프로젝트에 참가한 IT 엔지니어가 리뷰어가 되어 문서 작성자와 대등한 입장으로 내용을 확인하여 문제를 검출한다.

다른 리뷰 형태로는 프로젝트 관계자가 아닌 전문 리뷰어가 도입되는 '제3자 리뷰어', 프로젝트의 현황 파악이나 승인을 목적으로 한 '관리자 리뷰', 국제 표준으로 정의된 사양 또는 기업의 개발 표준에 준거하고 있는지 체크하는 '감사Audit' 등이 있지만 이 책에서는 다루지 않는다.

한마디로 피어 리뷰라고 하지만 더 깊이 들어가 보면 몇 가지 종류(리뷰 기법)가 있다. 이 책에서는 IT 현장에서도 가장 일반적으로 행해지는 '테크니컬 리뷰Technical Review'와 함께 가벼운 회의라 할 수 있는 '워크스루walk-through'를 이용한다(표 2-1). 테크니컬 리뷰와 워크스루는 〈IEEE 1028 Software Reviews and Audits〉에 정의되어 있으며, 그 정의를 참고로 한다.

표 2-1 **이 책의 표준 순서에서 이용하고 있는 리뷰 기법**

명칭	개요
테크니컬 리뷰	테크니컬 리더가 주도하는 문서 리뷰로 IT 현장에서 이루어지는 일반적인 리뷰 방법이다.
워크스루	문서 작성자가 주도적으로 실시하는 자유로운 회의로 테크니컬 리뷰보다 가볍다.

리뷰 형태의 분류나 리뷰 기법에 대해서는 3-4절에서 자세히 설명한다. 이후부터 이 책에서는 테크니컬 리뷰를 줄여 리뷰라고 한다. 또한, 요구사항 명세서, 사양서, 설계문서 등의 문서가 리뷰 대상이다. 여기에는 UML 등의 특정 기법에 준거한 모델 다이어그램이 포함되는데, 기법 고유의 리뷰 방식은 리뷰 대상에서 제외한다.

리뷰의 4단계

가장 먼저 리뷰의 전체적인 순서를 살펴본다. 리뷰의 순서는 ① 리뷰 준비 ② 문제 검출 ③ 문제 지적 ④ 수정 및 확인이라는 4단계로 구성된다. 이것이 기본 순서이며 요구사항 명세, 기본 설계, 상세 설계 같은 각 프로세스마다 1회씩 실시한다. 나아가 각 프로세스에 워크스루를 1~2회 추가하기도 한다.

이러한 리뷰의 순서를 주도적으로 진행하는 IT 엔지니어를 '리더'라고 하여 리뷰어와 구분한다. 리더는 리뷰의 목적을 정하고, 리뷰어를 임명하며, 리뷰회의를 개최하는 등 리뷰를 처음부터 끝까지 책임지고 관리한다. 실제로는 프로젝트 매니저, 프로젝트 리더, 테크니컬 리더 등이 그 역할을 담당할 것이다. 리뷰의 4단계는 리더, 리뷰어, 문서 작성자가 함께 진행한다.

제2장에서는 4단계 중에 ① 리뷰 준비와 ② 문제 검출을 살펴본다. ③ 문제 지적과 ④ 수정 및 확인은 제3장에서 다룬다.

2-1절에서는 ①단계에서 리더와 문서 작성자의 리뷰 준비를 설명한다. 리더와 작성자는 각각 어떻게 준비할 것인지 살펴보자.

리더의 준비

리더가 할 준비는 ① 검출해야 할 문제 유형 선정 ② 지침이 되는 시나리오 작성 ③ 간단한 리뷰 실시 ④ 리뷰어 선정과 시나리오 분배 ⑤ 문서 배포와 고지의 5단계로 구성된다(그림 2-2). 이 과정은 프로세스마다 수행하며, 이전 프로세스에서 얻은 결과를 다음 프로세스에서 참고한다. 이런 과정에 따라 리더가 수행할 일과 주의점을 설명한다.

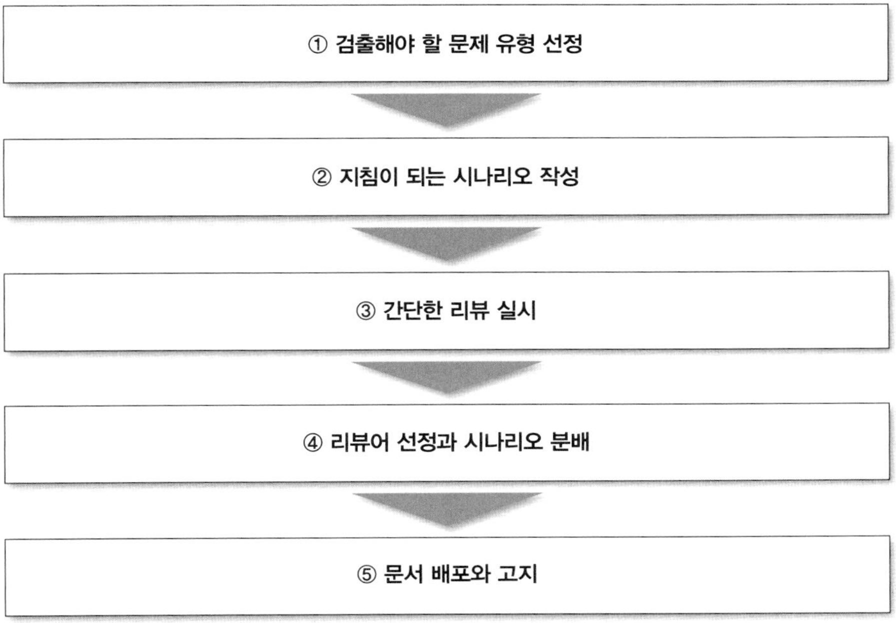

① 검출해야 할 문제 유형 선정

▽

② 지침이 되는 시나리오 작성

▽

③ 간단한 리뷰 실시

▽

④ 리뷰어 선정과 시나리오 분배

▽

⑤ 문서 배포와 고지

그림 2-2 준비 단계에서 리더가 수행할 5단계

① 검출해야 할 문제 유형 선정

리뷰의 효과를 높이기 위해 리더가 맨 먼저 해야 할 일은 리뷰에서 어떤 문제 유형을 검출할지 1~2시간에 걸쳐 미리 생각하는 것이다. 문제 유형은 어떤 시스템에서도 공통적으로 꼭 들어맞는 것이 아니라, 개발하려고 하는 시스템에 따라 설정해야 한다. 구체적인 예를 들어보겠다.

일반 고객용 티켓 판매 시스템이나 회계 마감일에 발생하는 대규모 배치 처리 같이 짧은 시간에 수많은 요청을 처리해야 하는 시스템에서는 '처리량 감소'가 발견해야 할 문제 유형 중 하나다. 또한, 기존 시스템과 연동이 필요한 경우 신규 시스템과의 부정합이 검출해야 할 문제 유형 중 하나가 된다. 교대가 빈번한 파트 타이머가 사용할 시스템에서는 '사용자에게 복잡하고 어려운 유저 인터페이스'가 검출해야 할 문제 유형이 될 것이다.

리뷰에서 검출해야 할 문제 유형을 생각할 때에는 bottom up, top down의 2단계의 접근이 필요하다. bottom up 방식에서는 문제 유형을 생각하는 기틀로 구 버전의 개발 프로젝트나 유사한 프로젝트의 리뷰회의에서 나왔던 지적 내용과 테스트에서 발견한 문제를 이용한다. 이 중 테스트에서 발견한 문제에 대해서는 리뷰에서 검출할 수 있었는데도 불구하고 찾지 못했던 문제에 한하여 반영한다.

이러한 지적 내용이나 문제를 기초로 하여 앞 단계에서 검출할수록 수정 공수나 위험의 감소 효과가 특히 큰 문제 유형을 생각한다. 그때 구 버전의 개발 프로젝트나 유사한 프로젝트에서 자주 나오는 지적 내용과 문제가 있다면 문제 유형의 중요한 후보가 된다.

문서 작성자의 능력 부족으로 리뷰 단계에서 검출된 문제나 리뷰어의 능력 부족으로 테스트 단계에서 발견된 문제에 주목하면, 어떤 작성자의 담당 문서를 중점적으로 리뷰해야 할지 어떤 리뷰어에게 어떤 문제 유형을 담당하게 하면 좋을지 그림이 떠오를 것이다.

이어서 top down 방식을 살펴보자. 이 방식에서는 시스템에 요구되는 기능이나 성능, 멤버나 프로젝트의 상황 등에서 검출해야 할 문제 유형을 생각한다. 리더는 머릿속으로 프로젝트를 시뮬레이션한다. 문서에 어떤 문제가 발생할 것 같은지, 실제로 문제 검출을 하려고 하면 어느 정도 놓칠 가능성이 있는지, 테스트에서 발견할 경우 얼마큼의 수정 공수가 필요해지는지, 테스트에서도 발견하지 못했을 때 업무에 얼마나 악영향을 끼치는지 등을 살핀다. 이 시뮬레이션을 차분히 수행하면서 초기 단계에서 검출해야 할 문제 유형을 생각한다.

이렇게 bottom up과 top down 접근 방식으로 골라낸 문제 유형을 5~10개 기준으로 축소한다. 많아도 15개 이내가 되도록 한다. 수가 많으면 리뷰에서 문제를 놓치기 쉽다.

② 지침이 되는 시나리오 작성

검출해야 할 문제 유형을 선정했으면 그것을 바탕으로 '시나리오'를 작성한다. 여기서 말하는 시나리오란, 선정한 문제 유형을 검출하기 위해 문서의 '어디'를 '어떻게' 검토할지 구체적으로 기술하는 것이다. 예를 들면 다음과 같다.

모든 기능 사이에서 입력과 출력의 부정합이 있는지를 검토하기 위해 '기능 인터페이스 정의'를 체크한다. 데이터를 주고받는 기능끼리 입력 항목과 출력 항목을 대조하여 항목명과 데이터형이 일치하는지 확인한다. 이 예에서는 '기능 인터페이스 정의'가 '어디'에, '항목명과 데이터형이 일치하는지를 확인한다'가 '어떻게'에 해당한다.

일반적으로는 이런 시나리오가 아니라 체크리스트를 사용하는 경우가 많을 것이다. 하지만 보통 체크리스트에는 "모든 기능 사이에서 입력과 출력의 부정합이 있는가?"처럼 '어디'를 '어떻게' 검토할지가 쓰여 있지 않은 경우가 많다. 그럴 경우 문제 검출을 리뷰어의 스킬에 의존하게 되거나 문제를 포괄적으로 검출하지 못할 수 있다.

리더는 자신이 직접 리뷰한다는 가정하에 '어디'를 '어떻게' 검토할지 생각하며 시나리오를 만든다. 이때 리뷰 스킬이 뛰어난 테크니컬 리더와 의논하면 더욱 적절한 시나리오를 만들 수 있다. 또한, 시나리오를 다듬는 도중에 누락되었던 문제 유형을 발견할 수도 있다.

이러한 시나리오 작성을 통해서 시나리오를 실행하는 데 필요한 리뷰어의 능력을 명확히 해야 한다.

③ 간단한 리뷰 실시

문서 작성자와 리뷰어가 한 자리에 모이는 일반적인 리뷰회의는 기본 설계나 상세 설계 등의 각 프로세스의 마지막에 실시한다. 그때 검출되는 문제 중에는 각 프로세스의 종반보다 더 조기에 발견하여 수정 공수 및 프로젝트의 위험을 크게 줄일 수 있는 것이 있다. 간단한 예를 들어보자.

예를 들어, 화면 설계를 담당하는 IT 엔지니어(화면 설계문서의 작성자)가 세 명 있고, 처음으로 함께 일한다고 하자. 세 명에게는 화면 설계의 방침이나 구체적인 설계내용에 대한 공통의 이미지가 아직 없다. 그 때문에 아무리 통상적인 템플릿이 있는 경우라도 서로 간에 설계의 세부항목이나 기재방법에 차이가 날 수 있다. 이럴 경우에는 세 명이 각각 최소 한 화면 분량의 문서 작성을 끝낸 단계에서 간단한 리뷰를 진행하면 공통의 이미지를 가질 수 있다. 이 간단한 리뷰를 통해 앞으로의 화면 설계에서 세부항목이나 기재방법에 관한 가이드라인을 구축할 수 있다.

'같은 문서의 작성자가 공통의 이미지를 갖고 있지 않은' 경우처럼 비슷한 수정이 많이 생길 것 같을 때는 간단한 리뷰를 반드시 해본다. 그런 걱정이 없는 경우에는 간단한 리뷰를 생략해도 상관없다.

간단한 리뷰는 리뷰회의와 달리, 화면 설계문서나 클래스 설계문서 단위로 실시한다. 워크스루를 바탕으로 한 간단한 회의 같은 형식으로 해도 좋다. 간단한 리뷰에 세밀한 시나리오는 필요 없지만 목표는 설정해 둔다. 한 회의 간단한 리뷰에 많은 목표를 설정하면 혼란스러워지므로 목표를 하나로 줄이고, 30분, 1시간 등의 시간을 정해서 실시한다.

실시할 시점은 문서마다 모든 작성자가 한 개의 화면이나 한 개의 클래스 같은 최소 단위의 설계를 끝낸 시점이다. 일련의 처리 순서처럼 의미 있는 집합이 생긴 시점에서 실시하면, 더 수준 높은 개념을 공유하거나 문제를 검출할 수 있다.

또한, 간단한 리뷰를 반복하는 작업 때문에 "그만큼 리뷰했으니 이제 문제는 없겠지"라는 생각이 들어 자칫 실제 리뷰회의에 무뎌질 수 있으니 주의하자. 리뷰할 문서가 모두 갖춰진 후에야 비로소 검출할 수 있는 문제들이 여전히 남아있기 때문이다.

④ 리뷰어 선정과 시나리오 분배

이어서 리뷰어를 선정하고 시나리오를 분배한다. 작성한 시나리오를 염두에 두고, 그 분야에 밝은가? 리뷰 능력을 갖췄는가? 등을 판단하여 멤버 중에서 리뷰어 후보자를 고른다. 리뷰어 인원은 규모가 큰 프로젝트라도 5명 이하로 압축한다. 대부분의 리더들이 많은 리뷰어를 고르는 경향이 있는데, 5명을 넘으면 리뷰회의의 진행이 어려워지므로 효율적이지 못하다.

그렇게 뽑은 리뷰어에게 어떤 시나리오를 할당할지 정한다. 시나리오 수나 프로젝트 규모에 따라 다르겠지만, 리뷰어 한 사람당 2~3개의 시나리오를 분배한다. 해당 분야 및 기술을 담당할 수 있는 리뷰어가 적은 시나리오부터 분배한다. 특히, 시나리오 중에서도 유독 중요한 문제 유형(놓치면 치명적인)에 대해서는 여러 리뷰어에게 분배한다. 여러 리뷰어에게 시나리오를 분배할 때는 각 리뷰어의 전문 분야를 감안하도록 한다.

이것으로 문서 작성 전에 해야 할 리더의 작업은 끝이다. ①~④의 과정은 되도록 연속해서 실시한다. 모든 과정을 끝내는 데 3시간 정도가 표준이다. 리뷰에서 검출해야 할 문제를 미리 생각해 보고 누가 어떤 문제를 검출해 낼 수 있을지 예상이 된다면 끝이다.

리뷰어 선정과 시나리오 분배를 끝내면 정례회의 등에서 팀원 모두에게 전달한다. 프로젝트에서 중요하게 생각하는 문제 유형과 시나리오가 리뷰 문서에 충분히 반영되어야 하기 때문에 가능한 한 리뷰어가 리뷰 문서를 작성하기 전에 전달하도록 하자.

시나리오를 리뷰어에게 일방적으로 전달하지 않고 하나의 안으로 제시하여 리뷰어나 문서 작성자의 의견을 듣는다. 우선적으로 검출해야 할 다른 문제 유형이 없는지, 시나리오의 내용은 이걸로 괜찮은지, 분배받고 싶은 다른 시나리오가 있는지 들어본다. 그렇게 함으로써 리뷰어가 주체적으로 문제 검출을 하게 되고, 문서를 작성하는 데 주의해야 할 부분을 의식하게 된다.

⑤ 문서 배포와 고지

리더는 리뷰회의를 시작하기 전에, 문서 작성자에게 리뷰할 문서를 받아 리뷰어에게 배포하고 회의를 알린다. 문서를 받을 때는 형상 관리 시스템configuration management system을 사용하길 권장한다. 문서 작성자가 체크인하면 알림 메일이 전송되기 때문에 기한을 넘기면 팀 전체에 알려지게 된다. 문서 작성자는 이런 압박감 때문에 기한을 잘 지키기도 한다.

그래도 문서 제출이 늦을 경우에는 작성 도중이라도 일단 제출하게 한다. 도중에라도 리뷰를 진행할지에 대해서는 일정의 여유가 얼마큼 있는지, 작성되지 않은 부분에 시나리오에 포함된 부분이 있는지, 해당되는 부분이 있을 경우에는 문제를 놓칠 위험이 얼마나 큰지를 감안하여 결정한다. 조금만 기다리면 완성될 것 같다면 되도록 모든 문서가 모여진 상태의 문서를 리뷰 대상으로 한다. 문서가 완성되지 않으면 검출할 수 없는 문제가 있기 때문이다.

문서 작성자의 준비

문서 작성자의 준비로 이야기를 계속해 보자. 당연한 말이지만, 작성자에게 가장 중요한 것은 제대로 된 문서를 만드는 일이다. 왜 이런 뻔한 말을 하는가 하면, '리뷰'가 제대로 된 문서를 만드는 데 방해되는 경우가 있기 때문이다. 예를 들면 이런 일은 없었는가?

IT 엔지니어인 J씨가 설계하는 부분은 기술지식이 풍부한 IT 아키텍트인 K씨와 밀접하게 관련되어 있다. 그러나 K씨는 신기술을 도입하려는 다른 프로젝트로부터 상담 요청이 많아 항상 바빠 보인다. J씨는 '이 요청에 대해서 값이 반환되지 않을 때' 어떻게 하면 좋은지 K씨의 의견을 듣고자 하나 늘 바쁜 K씨와 이야기할 겨를이 없다. 그래서 K씨에게 상담 내용을 메일로 보냈다. 메일을 받고도 바빠서 답장을 쓸 여유가 없는 K씨에게 J씨는 회신을 재촉하지도 못한 채 '리뷰할 때 확인하면 되겠지'하고 애매한 상태로 설계문서를 완성시켰다. 그 결과, 리뷰회의에서 J씨가 예상한 내용은 K씨가 생각했던 것과는 다르다고 판명되어 문서를 대폭 수정해야만 했다.

문서 작성 중에 의문이 생기면 바로 확인한다

이처럼 "나중에 리뷰회의가 있으니까"라고 생각하고 문서 작성 중에 생긴 의문이나 문제를 방치해 버리는 일이 있다. 특히 프로젝트 도중에 들어간 새 멤버는 의논하는 데 주저하기 쉽다. 하지만 새로운 멤버야말로 적극적으로 확인하는 자세가 필요하다. 설령 의논하고 싶은 상대가 바쁜 것 같아도 휴식시간이나 회의 전후에 막간을 노려 물어보자.

문서 작성자가 리더에게 간단한 리뷰(비공식적인 워크스루)를 제안해 보는 것도 좋은 방법이다. 시간을 정해서 우선순위가 높은 것부터 물어보면 장황하게 길어지지 않는다. 1회 30분의 간단한 리뷰로도 충분한 효과를 볼 수 있다.

"문제가 있으면 리뷰어가 지적해 주겠지"라고 생각하지 않는다

또 하나, 리뷰가 제대로 된 문서를 작성하는 데 방해가 되는 예를 들어보자. 리뷰어가 뛰어나서 빠짐없이 문제를 검출하는 상태가 계속되면, 문서 작성자에게 안이한 마음이 생긴다. "이 내용에 대해서는 자신 없지만 문제가 있으면 리뷰어가 지적해 주겠지"라는 생각으로 문제가 많은 문서를 작성하고 만다. 하지만 아무리 뛰어난 리뷰어라도 중요한 문제의 수가 많으면 모든 문제를 잡아내지 못할 수도 있다. 문서 작성자의 안이함은 재작업이나 장애로 직결된다고 생각하자.

문서 작성자 입장에서는 비록 문서 품질이 떨어져도 리뷰를 하면 최소한의 품질 수준을 넘길 수 있다고 생각할 것이다(그림 2-3). 그러나 리뷰로 품질을 향상시킬 수 있는 폭에는 한계가 있다. 원래의 문서 품질이 너무 나쁘면 리뷰를 해도 일정 수준에 못 미치는 경우가 많다.

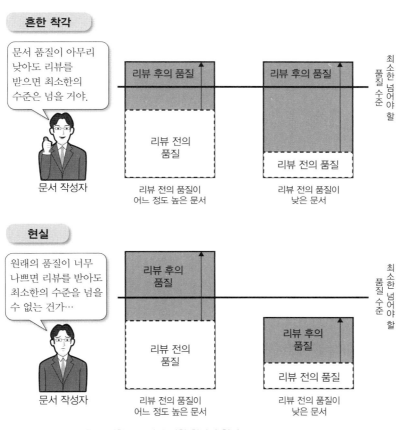

그림 2-3 **리뷰를 통한 품질향상 효과에 대한 착각과 현실**

리뷰어를 배려하여 부담을 줄인다

리뷰어를 배려한 문서를 만드는 일도 작성자에게 중요하다. 예를 들면 '기능 일람', '화면 상세사양'이라는 부部·장章·절節 제목은 문서 내에서 목차와 각 파트의 제목을 완전히 일치시키는 것은 물론, 여러 문서들 사이에도 맞추어주는 것이 좋다. 제목을 맞춤으로써 서브시스템의 화면사양을 상호 간에 체크하는 일이 한결 쉬워진다.

또 오탈자, 항상 지적받는 애매한 표현 등은 워드나 엑셀의 교열 기능을 사용하여 체크하고 수정해 두자. 형상 관리 시스템을 사용하고 있다면 독자적인 교열용 스크립트를 써서 체크인할 때 자동적으로 교열하는 것도 권장한다. '처리한다', '즉시'(2-2절의 표 2-3 참고) 같은 표현을 등록해 두면 문서 품질이 한층 올라갈 것이다.

오탈자는 리뷰어의 의욕을 떨어뜨린다

어쩌면 오탈자는 문서의 중요한 문제가 아니라고 생각할 것이다. 분명 그렇긴 하지만 오탈자로 다른 문제가 발생한다. 오탈자가 있으면 리뷰어의 의욕이 크게 떨어진다. 그러므로 문서를 작성했을 때는 리뷰를 받기 전에 확실히 자가 체크를 할 필요가 있다. 이 습관을 몸에 익히길 바란다.

자가 체크에서 중요한 점은 작성 후에 시간을 두고 실시해야 한다는 것이다. 문서의 글자 그대로 해석해도 문제가 없는지, 용어나 코드 체계의 일관성이 유지되고 있는지, 실수가 없는지 등 문서를 쓴 직후에는 이런 문제를 발견하기 어려운 법이다. 문서를 썼을 때의 기억이 선명하게 남아있어 자신의 머릿속에서 멋대로 내용을 보충해 버리는 경향이 있기 때문이다. 최소한 하루는 지나서 체크하는 것이 좋다.

다른 사람의 문서를 리뷰했을 때 "이거 심하군"이라고 생각한 적이 있다면, 그 이유를 떠올려 보자. 분명 자가 체크에 참고가 될 것이다.

정리

- 리뷰의 경험을 채우는 것만으로는 효과적인 리뷰 스킬을 익힐 수 없다. 중요한 것은 리뷰의 표준 순서를 배우는 것이다.
- 리뷰의 순서는 '리뷰 준비', '문제 검출', '문제 지적', '수정 및 확인'의 4단계로 구성된다.
- 준비 단계에서는 리더가 리뷰의 지침이 되는 시나리오를 작성한다.

리뷰어의 리뷰 준비:
시나리오 순서 정하기

<u>문제 검출에 들어가기 전에 리뷰어도 제대로 준비를 하는 것이 중요하다. 1시간 정도 할애해서 면밀하게 준비하면 중요한 문제를 놓치는 일이 크게 줄고 리뷰시간도 단축된다.</u>

리뷰어의 준비는 ① 시나리오 순서 결정 ② 시나리오 확인과 참고 문서 준비 ③ 검출방법과 체크할 범위 검토 ④ 문제 검출 타이밍 결정이라는 4단계로 구성된다(그림 2-4). 이 네 과정을 수행하는 데 걸리는 시간은 1시간 정도로 한다.

필요에 따라 이 4단계보다 먼저 해두어야 할 일이 있다. 바로 시나리오 만들기다. 2-1절에서 리더가 시나리오를 작성하여 리뷰어에게 배포한다고 설명한 바 있다. 하지만 리뷰어 입장에서는 리더가 시나리오를 작성해 준다고 장담할 수 없는 것이 현실이다.

리더가 시나리오를 준비하지 않는 경우, 리뷰어가 스스로 검출해야 할 문제 유형과 검출방법을 가정하여 시나리오를 작성할 수밖에 없다. 그 방법은 2-1절에 나타낸 것처럼 먼저 검출해야 할 문제 유형을 선정하고, 문제 유형마다 문서의 어디를 어떻게 검토할지 어떤 내용이 반드시 들어가야 하는지를 머릿속으로 시뮬레이션하는 것이다.

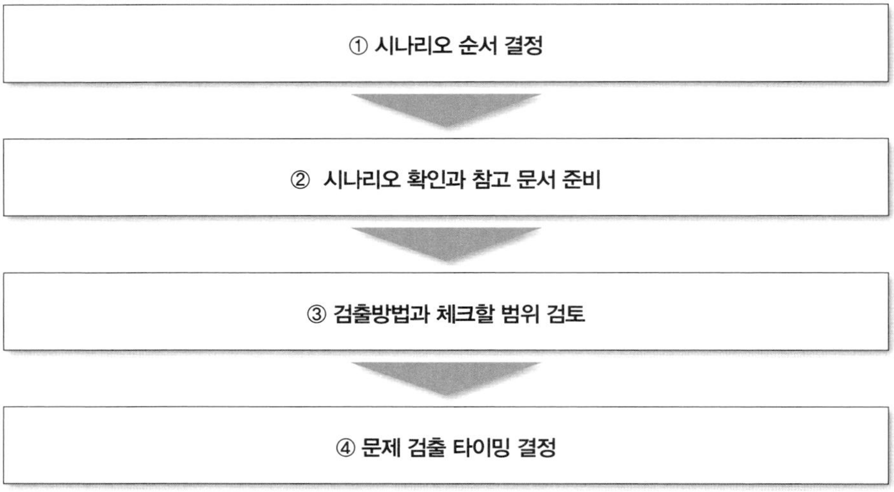

```
┌─────────────────────────────────────────────────┐
│           ① 시나리오 순서 결정                      │
└─────────────────────────────────────────────────┘
                      ▽
┌─────────────────────────────────────────────────┐
│        ②  시나리오 확인과 참고 문서 준비            │
└─────────────────────────────────────────────────┘
                      ▽
┌─────────────────────────────────────────────────┐
│        ③ 검출방법과 체크할 범위 검토                │
└─────────────────────────────────────────────────┘
                      ▽
┌─────────────────────────────────────────────────┐
│           ④ 문제 검출 타이밍 결정                   │
└─────────────────────────────────────────────────┘
```

그림 2-4 준비 단계에서 리뷰어가 해야 할 4단계

참고로 시나리오의 예를 들어본다.

> 시나리오1: 에러 처리 항목에서 일어날 수 있는 에러가 열거되어 있는지, 에러 처리가 구조
> 화되어 있는지를 확인한다. 에러 코드의 큰 분류(100번대, 200번대)에서 에러 처리의 원칙
> (재시도 금지, 로그 출력 후 리턴)이 지켜지고 있는지를 확인한다.

이렇게 준비한 시나리오의 건수가 많거나 문제 검출 시간이 충분하지 않은 경우에는 시나리오에 우선순위를 붙여 줄여나간다. 우선순위를 매기는 기준은 '시나리오의 문제 유형을 리뷰에서 놓쳤을 때 수정 공수나 리스크가 얼마큼 커지는가'이다. 수정 공수나 리스크가 커지는 시나리오를 우선으로 한다.

① 시나리오 순서 결정

지금부터는 리뷰의 시나리오(또는 검출해야 할 문제 유형)가 명확하다는 전제로 이야기를 진행한다. 첫 단계는 시나리오의 순서를 정하는 것이다. 분배받은 시나리오를 아무렇게나 체크하면 되는 것이 아니다. 중요한 문제를 효율적으로 검출하기 위해서는 시나리오의 순서가 중요하다. 순서를 결정하기 위해서는 시나리오를 검출해야 할 문제의 유형에 따라 '누락', '애매함', '오류'로 분류한다(참고문헌[5]). 이 분류가 순서를 정하는 기준이 된다.

처음에 체크해야 할 것은 누락과 관련된 시나리오이다. 누락은 문서의 내용을 꼼꼼히 읽으면 검출이 어려워진다. 내용을 꼼꼼히 읽으면 거기에 쓰여 있는 내용이 적절한가에 대한 생각으로 머릿속이 가득 차기 때문이다. 누락을 체크하려면 읽기 전에 "이런 내용이 쓰여 있어야 해"라는 생각을 갖고, 그 생각과 문서의 내용을 비교한다. 선입견 없이 체크해야 하기 때문에 가장 먼저 체크하는 것이 좋다.

다음은 애매함과 관련된 시나리오다. 여기서 말하는 애매함이란 해석이 여러 뜻으로 가능한 표현뿐만 아니라 설명이 부족한 부분도 포함한다. 이 애매함도 리뷰어가 문서를 잘 이해하고 있거나 여러 번 읽을수록 발견하기 어렵다. 그래서 빠른 단계에서 체크해야 하는 것이다.

남은 것은 오류와 관련된 시나리오다. 오류는 리뷰어가 문서를 되풀이해서 읽어 잘 이해할수록 발견하기 쉽기 때문에 마지막에 검토한다.

② 시나리오 확인과 참고 문서 준비

계속해서 시나리오를 하나씩 다시 확인한다. 시나리오에 따라 '문서에 기본적으로 어떤 내용이 쓰여 있어야 하는가'를 예상한다. 미리 예상하지 않은 채 문서를 체크하면 사소한 실수에 신경을 뺏겨 중요한 문제를 발견하기 어렵다.

시나리오를 하나씩 확인하면서 문서를 체크하는 데 어떤 참고 문서가 필요할지 생각해 보고 미리 입력해 둔다. 이 준비 작업을 게을리하면 참고 문서가 필요할 때마다 번거롭게 찾아야 한다. 참고 문서를 찾는 데 신경 쓰다 보면, 주어진 시간 안에 문제를 검출하지 못할 수도 있고 집중력이 끊겨 중요한 문제를 놓칠 수도 있다. 문제 검출 전에 필요한 참고 문서를 준비하는 습관을 갖자.

문제 검출에 필요한 참고 문서를 준비한 후에는 그 내용이 적절한지에 대해서도 주의해야 한다. 예를 들면, 데이터베이스를 새로 교체하는 프로젝트에서 다음 시나리오를 할당받았다고 하자.

> **시나리오2 : 교체 전 버전의 데이터베이스 내용이 교체 후에도 유효한지 ERD나 데이터베이스 정의를 확인한다. 확인 시에는 교체 전 버전을 개발할 때는 예상하지 못했지만 이제까지 운용하면서 이용해 왔던 플래그(비고 필드에 수동으로 입력되어 있다)를 이동시킬 수 있는지도 함께 체크한다.**

이 시나리오에 따라 문제를 검출하기 위해서는 '교체 전의 ERD나 데이터베이스 정의', '교체 전 비고 필드가 보유하는 값과 교체 후 데이터 항목의 대응표'라는 참고 문서가 필요하다. 이때 교체 전 ERD나 데이터베이스 정의는 작성된 이후의 변경 사항이 반영되지 못했을 가능성이 있다. 따라서 현재의 데이터베이스를 조사하거나 관계된 사용자와의 사전 인터뷰가 필요한지 알아본다.

물론, 이렇게까지 준비하는 것은 리뷰어 혼자서 해내기에 버거울지도 모른다. 단기간에 참고 문서를 구하기 어려울 때는 리더와 의논하여 팀 전체가 역할을 다시 분담하거나 시나리오를 변경하기도 한다.

③ 검출방법과 체크할 범위 검토

다음으로 문제 검출의 구체적인 방법과 체크할 범위를 순서대로 생각한다. 구체적인 방법이란 '리뷰 대상 문서와 참고 문서를 비교하여 내용이 다르면 오류로 본다', '특정 기능의 추가 방법과 삭제 방법을 비교하여 누락을 검출한다' 같은 것이다. 시나리오에 따라 차이는 있지만, 여기에서는 앞서 시나리오 순서 결정에서 다룬 문제 유형(누락, 애매함, 오류)에 따라 문제를 검출하는 방법을 설명한다.

누락에 대해서는 앞서 이야기한 대로, 읽기 전에 어떤 내용이 반드시 들어가야 하는지 미리 생각해 두고 그에 따라 문서의 내용을 비교한다. 누락이 발생하기 쉬운 부분을 표 2-2에 나타냈으니 참고하기 바란다.

다음은 애매함이다. 애매함을 체크하려면 문서를 읽는 대상을 고려하여 그들이 공통적으로 가지고 있을 지식(이 문서를 읽을 그룹이 가진 지식)을 예상해 본다. 이 문서를 읽는 사람은 내용을 이해할 때, 자신의 지식에 따라 그 내용을 보충하면서 이해하기 때문에 애매함의 정도는 문서를 읽는 사람의 지식에 좌우된다. 대표적인 예가 '현재 상태'라는 표현이다. 문서를 읽는 사람이 현재 상태를 모르면 올바로 해석할 수 없다.

포함된 단어만으로도 애매함을 체크할 수도 있다. 표 2-3에 애매한 단어의 대표적인 예를 들어놓았다. '등', '이것들, 저것들', '처리하다, 대응하다', '~을 고려하여, ~을 근거로, ~을 바탕으로', '보통은, 기본적으로는'과 같은 단어는 오해의 근원이다. 구체적인 표현으로 바꾸거나 결정되어 있지 않은 항목을 분명히 밝혀 적어야 한다.

마지막은 오류이다. 오류는 문서 내의 부정합, 문서 외적인 요소(다른 시스템, 개발 표준, 이전 프로세스의 문서 등)와의 부정합으로 분류할 수 있다. 먼저, 문서 외적인 요소와의 부정합을 검출한다. 다른 문서나 개발 표준에서 정의하고 있는 데이터,

업무 흐름이나 처리 흐름의 시작 조건, 종료 조건, 분기 조건 등이다. 그 정의를 찾아내어 정합성을 확인한다. 예를 들면, '화면에서 입력되는 문자 코드와 데이터베이스의 문자 코드가 동일한가', '우편번호를 넣어두는 데이터 구조가 6자리의 정수로 되어 있는가' 등이다.

문서 내의 부정합도 마찬가지로 검출한다. 데이터형, 최댓값/최솟값 등에서 부정합이 종종 발생한다. 예를 들면, 문서의 어떤 곳에는 부호 없는 정수로 정의된 데이터가 다른 곳에서는 부동소수점수로 되어있는 경우이다. 이외에도 같은 설계 문서 안에서 기준시간이 현지 시각으로 되어 있거나 그리니치 표준시Greenwich Mean Time로 되어 있는 경우가 해당된다.

표 2-2 문서 중에서 누락이 발생하기 쉬운 부분

대상 문서	누락이 발생하기 쉬운 부분
요구사항 명세서	• 업무 흐름의 시작 조건 • 업무 흐름의 종료 조건 • 성능, 신뢰성, 보안 등의 비기능 요건 • 시스템 경계의 정의 • 추가와 삭제처럼 한 쌍이 되는 조건
기본 설계문서	• 실현되지 않은 요건(특정 요건의 실현에 치우쳐 다른 요건에 대한 고려를 충분히 하지 못할 때가 있다.) • 시스템 운용에 필요한 기능(로그 출력, 실행 모니터링, 하드웨어 상태 모니터링) • 기능 간의 의존관계 정의 • 기능 배치 고려 • 유저로부터의 입출력
상세 설계문서	• 예외 처리 • 데이터 정의 • 데이터가 취할 수 있는 값 정의 • 리소스 획득과 해제 타이밍 • 기능의 물리적 배치(어떤 서버와 클라이언트로 구현할 것인가)
등	'등'에 해당하는 요소가 무엇인지 명확하지 않은 경우가 있다. 등에 해당하는 요소를 모두 쓰거나 '~를 만족하는 것'과 같은 조건을 명시한다.

표 2-3 애매한 단어의 대표적인 예

표현	설명
이것들 그것들	무엇을 지시하는 것인지 명확하지 않은 경우가 있다. 명확한 의미의 단어로 바꾼다.
처리하다 대응하다	구체적으로 어떤 행동을 취해야 하는지 명확하지 않다. 처리의 경우 연산이나 입출력 등의 내용을 명시한다.
~을 고려하여 ~을 근거로 ~을 바탕으로	~의 근거나 바탕이 되는 범위가 명확하지 않다. 또한, 근거로 하는 정보를 어떻게 이용할 것인지 구체적으로 적는다.
되도록 가능한 한	허용 범위가 어느 정도인지 단순한 노력을 나타내고 있는 것인지 명확하지 않다. 허용 범위를 구체적으로 적는다.
충분한(충분히) 여유를 갖고	어느 정도로 충분한지 얼마큼의 여유를 가져야 하는지 알 수 없다. 구체적인 수치를 표시한다.
바로 즉시	시간을 전혀 두지 않는 '직후'를 나타내는 경우와 다소 시간을 두어도 괜찮은 상황을 나타내는 경우가 있다. 끊김 없이 연속적인 것인지, 얼마큼의 간격을 두어야 하는지에 대해 구체적으로 명시한다.
현재의 최신의	어느 시점에서 '현재', '최신'인지가 명확하지 않다. 그 시기를 구체적으로 나타낸다.
현재 상태대로	현재 상태가 무엇인지를 읽는 사람이 알지 못할 때도 있다. 현재 상태에 대한 설명을 덧붙인다.

계속해서, 리뷰 문서의 체크할 범위에 관해 이야기해 보자. 이 내용에 대해서는 시니라오에서 다루고 있지만 그것을 더욱 구체화한다. "어차피 리뷰 문서는 처음부터 끝까지 대강 체크하는 거니까, 어디를 볼지 치밀하게 생각해 볼 의미가 없다"는 생각이 들지도 모른다. 하지만 그런 생각은 착각이다.

체크할 범위를 압축해 놓지 않고 시나리오마다 말머리 페이지부터 끝까지 대충 읽으면 문서의 앞부분은 제대로 조사할지 모르지만 뒷부분으로 갈수록 시간에 쫓겨 대강 읽게만 되는 경향이 있다. 이에 반해, 체크할 범위를 압축해 놓으면 집중력을 유지하기 쉬워 문제를 놓치지 않고 볼 수 있다(그림 2-5).

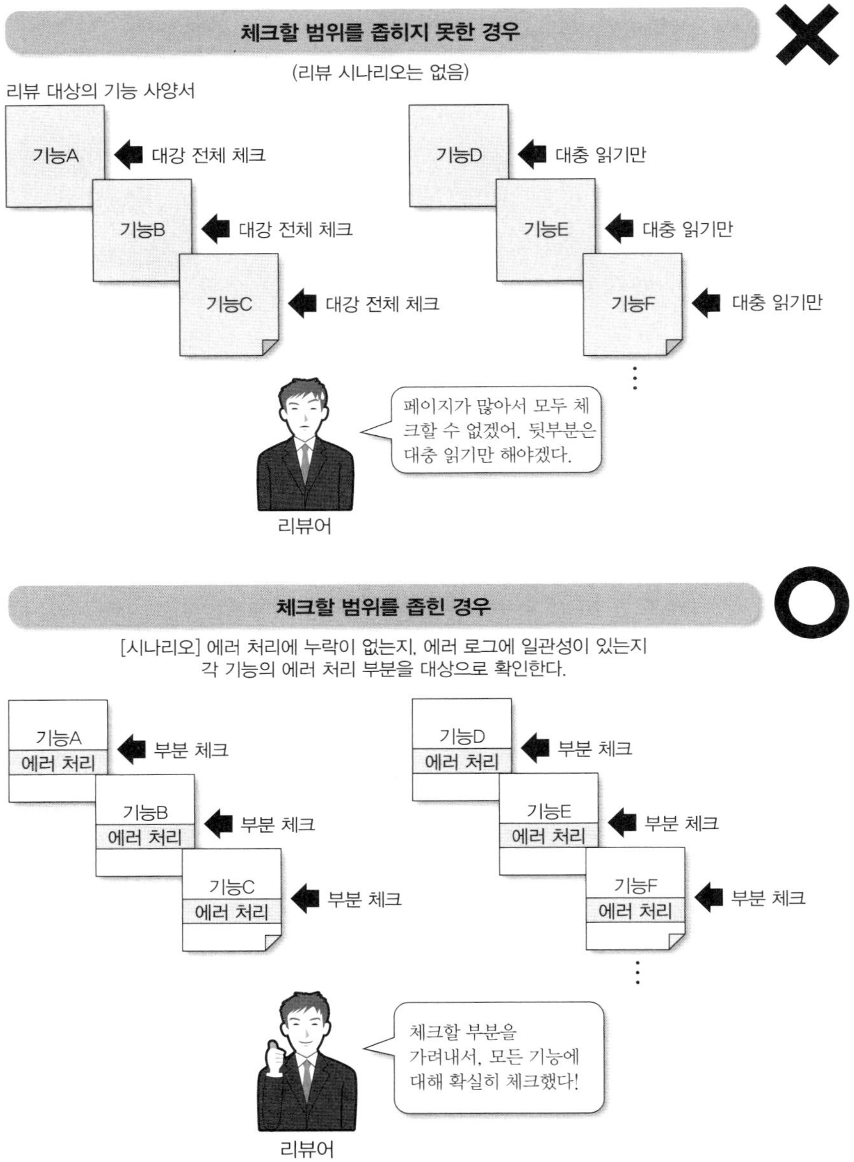

체크할 범위를 좁히지 못한 경우

✕

(리뷰 시나리오는 없음)

리뷰 대상의 기능 사양서

기능A ◀ 대강 전체 체크

기능B ◀ 대강 전체 체크

기능C ◀ 대강 전체 체크

기능D ◀ 대충 읽기만

기능E ◀ 대충 읽기만

기능F ◀ 대충 읽기만

페이지가 많아서 모두 체크할 수 없겠어. 뒷부분은 대충 읽기만 해야겠다.

리뷰어

체크할 범위를 좁힌 경우

○

[시나리오] 에러 처리에 누락이 없는지, 에러 로그에 일관성이 있는지 각 기능의 에러 처리 부분을 대상으로 확인한다.

기능A
에러 처리 ◀ 부분 체크

기능B
에러 처리 ◀ 부분 체크

기능C
에러 처리 ◀ 부분 체크

기능D
에러 처리 ◀ 부분 체크

기능E
에러 처리 ◀ 부분 체크

기능F
에러 처리 ◀ 부분 체크

체크할 부분을 가려내서, 모든 기능에 대해 확실히 체크했다!

리뷰어

그림 2-5 시나리오로 체크할 범위를 좁혔을 때의 이점

체크할 범위를 고민할 때는 최대한 범위를 좁히려는 노력이 필요하다. "어쩌면 여기에도, 저기에도 있을지 몰라"라고 생각하여 문서의 극히 일부만을 대상에서 제외하는 데 그치면 의미가 없다. 예를 들어, '입출력만 체크하면 충분한가, 리소스 경합은 여기에서만 일어나는 것인가'라는 식으로 면밀하게 검토하여 최대한 범위를 좁힌다.

범위를 좁힐 때는 문서의 목차나 항목 리스트 등을 사용하여 해당 부분의 패턴을 찾아내는 것이 한 방법이다. 대부분의 문제 유형은 체크해야 할 범위가 문서의 어딘가에 모여 있거나 패턴을 갖고 있기 마련이다. 예를 들어, '에러 로그의 일관성이 유지되고 있는가'라는 문제 유형이라면, 기능사양서에서 각 기능의 에러 처리 항목으로 체크할 범위를 좁힐 수 있다(그림 2–5 아래 참조).

④ 문제 검출 타이밍 결정

준비 단계의 마지막에 문제 검출 작업을 언제 실시할지 미리 생각해 둔다. 즉, 일정을 미리 정하여 시간을 확보하는 것이다.

문제를 검출할 시나리오를 다음과 같이 나누어놓는 것이 좋다. ⓐ 틈틈이 조금씩 진행하면 되는가? ⓑ 정해진 시간에 한꺼번에 진행하는 것이 효율적인가? ⓐ의 예로는 많은 부분에 기술된 에러 코드가 모두 정의대로 구현되어 있는지 확인하는 시나리오를 들 수 있다. ⓑ의 예로는 트랜잭션이 예상된 시간 안에 처리되는지 확인하는 시나리오를 들 수 있다.

ⓑ의 경우 확실한 일정을 정하는 것이 좋다. 몇 시간을 확보해야 할지 예상해 보고 자신이 집중하기 쉬운 시간대를 확보한다. ⓐ의 시나리오도 소요시간을 대충 예상해 두고, 시나리오 작업에 필요한 파일을 한 폴더에 모아두거나 클리어 파일

에 문서를 정리해 두어 언제라도 시나리오 작업을 시작할 수 있도록 해둔다.

리뷰 시간이 부족해지는 대부분의 원인은 '늦은 시작' 때문이다. "리뷰해야지"라고 생각만 하고 문서를 방치하거나 "분명 문제투성이겠지", "문제를 많이 발견하면 프로젝트가 더 지연될지도 몰라" 등의 쓸데없는 생각으로 시간만 보낸다. 리뷰에 적극적인 자세를 갖기 위해서도 '빠른 시작'이 좋다.

문서의 전체적인 구성을 파악하려는 노력

문서의 어느 페이지에 어떤 내용이 쓰여 있는지 추측할 수 있다면 시나리오에 따라 문제를 검출하기가 쉬워질 것이다. 리뷰어는 가장 먼저 문서를 전체적으로 한번 훑어보고, 어디에 어떤 내용이 있는지 대략 파악하자. "13∼32쪽까지 데이터 정의, 참조 및 업데이트의 제약이 쓰여있다. 33∼42쪽까지 기존 데이터베이스로부터의 이전 계획이, 43∼70쪽까지 외부 인터페이스 정의가 기재되어 있다"처럼 말이다.

문서를 대충 훑어볼 때 주의할 점이 있다. 의식적으로 상세하게 읽지 말아야 한다. 신경이 쓰이는 부분이 있어도 자세한 내용까지 읽지 말고 문서의 마지막까지 훑어본다. 이것이 의외로 어렵기 때문에 훈련이 필요하다. 처음에는 신경 쓰이는 부분이 있으면 메모를 해두고 나중에 보거나, 어떤 내용이 적혀 있는지 메모를 하면서 읽는 방법이 도움이 될 것이다.

정리

- 시나리오를 누락, 애매함, 오류 순으로 분류하여 진행하면 중요한 문제를 놓치지 않고 작업 효율도 높일 수 있다.
- 문서에 최소한 어떤 내용이 기재되어야 하는지를 예상해 보고, 필요한 참고 문서를 미리 준비한다.
- 일정한 시간이 필요한 시나리오는 문제 검출 작업 일정을 미리 정해 놓는다.

리뷰의 효과를 높이는 문제 검출법

리뷰어는 어떻게 문서를 검토해야 할까? 리뷰의 효율과 효과를 높이는 핵심은 사소한 문제에 얽매이지 말고, 중요한 문제를 검출하는 데 집중하는 것이다.

준비를 끝냈으니 드디어 문제를 검출할 차례다. 이 단계에서는 ① 시나리오에 따라 검출하기 ② 검출한 문제 메모하기 ③ 시나리오 다시 보기 ④ 문제기록표 작성이라는 4단계를 수행한다(그림 2-6). 이 단계는 모두 리뷰어가 수행한다.

① 시나리오에 따라 검출하기

문제 검출 시에는 시나리오를 꼭 염두에 두고 문서를 읽는다. 문서를 읽으면 문서 형식이나 오탈자 등의 사소한 문제에 신경이 쓰이기 마련이다. 그런 사소한 문제에 얽매여 시간을 낭비하지 않기 위해서라도 시나리오를 틈틈이 다시 보며 '이번에는 어떤 문제를 검출해야 하는가'를 인식한다.

시나리오는 한 번에 하나씩 검토하는 것을 원칙으로 한다. 여러 시나리오를 동시에 검토하면 오히려 효율이 나빠지는 데다 놓치는 문제가 늘어난다. 물론, 검토하는 부분이 거의 같은 시나리오가 여러 개 있으면 함께 검토해도 상관없다.

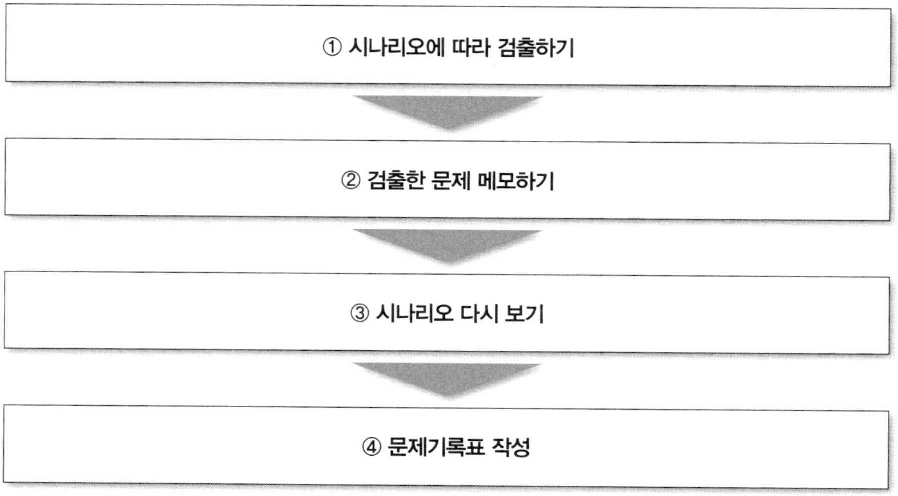

| ① 시나리오에 따라 검출하기 |
| ② 검출한 문제 메모하기 |
| ③ 시나리오 다시 보기 |
| ④ 문제기록표 작성 |

그림 2-6 문제 검출에서 리뷰어가 수행하는 4단계

검토를 하다 보면 이것이 문제인지 아닌지 명확히 판단되지 않을 때가 있다. 그럴 때는 왜 명확한 판단을 내리기 어려운지를 메모해 둔다. 메모한 내용은 추후에 리뷰회의에서 문서 작성자에게 물어보면 된다. 메모를 함으로써 모호한 생각에 시간을 소모하지 않고 문제를 검출하는 데 집중하기 쉬워진다. 이 메모에 대해서는 ② 검출한 문제 메모하기에서 자세히 설명하겠다.

하나의 시나리오를 끝냈다면 대략적인 소요시간을 기록해 두는 것이 좋다. 소요시간을 기록해 두면 문제 검출 시간을 예상할 때 도움이 되고, 점점 더 정확한 시간을 예상할 수 있게 된다. 예상 시간을 기록할 때는 '검토할 범위'와 '검출하는 문제의 복잡성'을 함께 고민하면 더욱 정밀한 예상이 가능해진다.

② 검출한 문제 메모하기

시나리오에 따라 문제를 검출하되, 문제가 검출된 시점에 그 내용을 바로 기록해 둔다. 문제를 기록할 때는 가능한 한 빨리 검출 작업으로 돌아올 수 있도록 자세한 내용보다는 메모 정도로 남기는 것이 좋다. 기록하는 데 시간을 빼앗겨 비슷한 유형의 문제나 연관된 문제의 검출을 잊는 실수로 이어질 수 있다.

자세한 기록은 시나리오에 따라 얼추 문제를 검출한 다음에 한다. 그러는 편이 문제를 정리하기 쉽다. 특히, 뒤에서 다룰 문제기록표 표준시트의 기입 항목이 '문제 유형', '문제 발생 원인' 등 다양할 경우에는 나중에 한꺼번에 정리하여 기입하는 편이 효율적이다. 같은 이유로, 문제를 검출하면서 수정방법까지 깊이 생각하지 않도록 한다. 수정방법에 몰두하다 보면 문제 검출이 중단되며 문제 검출의 효율이 크게 저하된다(그림 2-7).

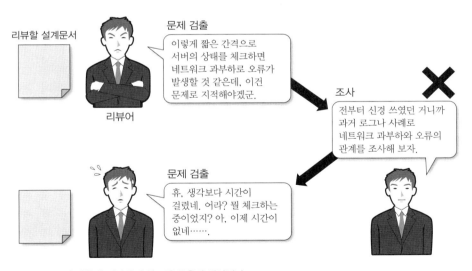

그림 2-7 문제 검출에 전념하지 않으면 효율이 떨어진다

검출한 문제를 메모했다면 문서의 다른 부분에 비슷한 문제가 없는지 확인한다. 비슷한 문제를 여러 개 검출한 경우는 문서 작성자가 잘못된 통신 순서나 데이터 정의를 전제로 하는 등 공통적인 원인이 숨어있을 때가 많다. 공통적인 원인을 발견하면 그 원인으로 일어나는 다른 문제를 검출하기 쉽다.

③ 시나리오 다시 보기

하나의 시나리오 검토가 끝나면 구체적으로 어느 부분을 어떻게 검토했는지 다시 확인해 보고 간단히 메모를 한다. 이 메모는 마무리 단계에서 누락된 문제가 없는지 확인하는 데 이용할 수 있다.

일반적으로 리뷰에 대해서 "시간이 허락되는 한 문제 검출에 노력해야 한다"는 생각을 할지도 모른다. 그러나 그런 생각으로는 리뷰가 끝나지 않을 뿐만 아니라 제대로 된 문제 검출에 따른 성취감을 느끼기 어렵다. 리뷰어가 아무리 노력해도 리뷰에서 모든 문제를 검출해 내기는 어렵다. 바꿔 말하면, 리뷰어가 더 이상 문제가 남아 있지 않다고 확신할 수 없다. 그러므로 각 시나리오를 어떻게 검토했는지 기록해 두는 것이 중요하며, 이 기록이 어느 정도 시나리오 검토가 완성되어 간다는 심적 안정감을 줄 수 있다. 이 메모는 제3장에서 다루는 '문제의 지적'에서 사용한다.

나아가 리뷰회의에서 이 기록을 모아서 보면, 리뷰어 팀이 어떤 문제 유형을 어떤 방법으로 검출했는지 파악할 수 있다. 추후에 이 정보를 토대로 테스트의 난이도를 조절할 수 있다.

시나리오 다시 보기를 진행할 때, 시나리오에 따라 문서를 모두 검토했는데도 문제를 한 건도 발견하지 못할 수 있다. 간혹 문서의 완성도가 높을 때도 있지만, 중요한 문제를 놓치고 있을 가능성도 있다. 그럴 때는 객관적인 시각으로 자신의 기술과 지식이 부족하지는 않은지 생각해 보자. 예를 들어, 문자 코드에 관한 문제 유형이라면 '나는 문자 코드 지식을 충분히 갖고 있는가?'를 생각해 보는 것이다. 해당 문제 유형에 자신의 지식이 부족하다고 느껴진다면, 다른 리뷰어가 담당할 수 있는지 리더와 의논해 본다.

문제 유형에 따라서는 팀에 충분한 기술과 지식을 가진 사람이 아무도 없는 경우도 있다. 그런 경우에는 리뷰에서 문제를 검토하기 어렵다. 리더를 중심으로 선행 테스트나 프로토타이핑prototyping* 등 리뷰 이외의 방법을 검토할 필요가 있다.

④ 문제기록표 작성

마지막으로, 리뷰회의에 제출할 문제기록표를 작성한다. 모든 문제에 수고를 들여 문제기록표를 만들 필요는 없다. 문제의 심각성, 수정 공수의 크기, 문제의 복잡함에 따라 판단하여 만든다.

잘못된 용어의 사용, 항목 간의 부정합 등은 문서를 출력하여 별도로 표시하여 작성자에게 넘긴다. 반드시 문제기록표를 작성할 필요는 없다. 반면, 상세한 설명이 필요한 문제, 예를 들어 예외 상황에 대한 고려가 빠진 경우 따로 시간을 내어 문제기록표에 설명한다.

문제기록표의 필수항목은 '문제 유형(시나리오)', '문서상의 위치', '문제 내용'이다.

---

* [역주] 개발자와 사용자의 의사소통 효과를 증진시키기 위한 시스템 개발 기법 중 하나다. 개발 초기에 시스템의 모형을 간단히 만들어 사용자에게 기기나 시스템을 직접 사용해 보게 한 뒤, 사용자의 요구 사항을 즉각 반영하고, 사용자가 만족할 때까지 정보 시스템을 재설계하고 프로토타입을 재구축하는 과정을 반복한다.

이 중 문서상의 위치를 나타낼 때는 페이지 번호나 항목 번호를 적어서 문서 작성자와 관계자가 찾기 편하게 해준다. 문제 내용에 대해서는 원래 있어야 할 내용과 어떻게 다른지를 적는다. 또한, 문서의 장점이나 느낀 점, 팀 전체가 공유하면 좋은 점이 있으면 메모해 두고 회의에서 발표한다. 리뷰회의에서는 문제 지적이 계속되어 분위기가 나빠지기 쉽기 때문에 장점을 이야기하는 것도 매우 중요하다. 꼭 실천하길 바란다.

국소적인 문제 검출에서 탈피하자

다음 사례는 시나리오가 없거나 시나리오에 따르지 않고 문제를 검출할 때의 폐해를 보여준다. 30세 초반의 T씨는 설계문서의 리뷰회의 전에, 자기 나름의 방식으로 '서버 부팅 직후 실행되는 모니터링 프로그램 a와 b의 실행순서에 의존관계가 고려되지 않았다'라는 문제를 검출했다. 프로세스 a와 b는 서버 부팅 시에 실행되며, 프로세스 a는 프로세스 b가 종료될 때 실행되어야 한다. 그러나 향후 서버 하드웨어의 변경이나 파일 I/O 블락, 설정 변경 등의 이유로 프로세스 a가 프로세스 b의 실행 종료 시점에 실행되지 못할 수도 있다. 추후의 환경 변화까지 예측한 문제를 검출한 T씨는 자신의 성장에 감탄하며 자신 있게 리뷰회의에 임했다.

T씨가 의기양양하며 이 문제를 지적했지만 베테랑 리뷰어인 U씨는 "프로세스 c와 b에도 같은 의존관계가 있고, d와 e 사이에도 같은 의존관계가 있네. 왜 그 점은 검출하지 못했나? 어디까지 조사하고 그 문제를 검출했다고 판단했나?"라고 핀잔을 놓았다. T씨가 아무 대답도 못하고 있자, U씨는 "시나리오에 따라 문제를 발견하려고 해야지. ○○ 문제가 다른 부분에서 발생할 가능성을 확인하지 않았다면 리뷰를 제대로 했다고 할 수 없네. 우연히 문제를 발견했을 뿐 아닌가?"라고 나무랐다. T씨는 문제를 포괄적으로 검출하지 않고 리뷰한 것을 후회했다.

시나리오는 국소적인 문제 검출방법에서 벗어나 포괄적으로 문제를 검출해 내는 데 도움이 된다. 또, 리뷰회의에서는 포괄적으로 문제를 검출했는지 여러 리뷰어가 재확인함으로써 시나리오에서 예상한 문제가 없는 것도 확인할 수 있다.

정리

- 문서 검토는 시나리오 하나씩 한다. 검토를 진행할 때 시나리오를 염두에 두어 사소한 문제에 얽매이지 않도록 한다.
- 한 개의 시나리오 검토가 끝나면 해당 시나리오의 검토 방법과 검토 범위를 기록해 둔다.
- 문제의 심각성, 수정 공수의 크기, 문제의 복잡성에 따라 문제기록표를 작성한다.

3장

설계 리뷰의 중심
리뷰회의

순조로운 리뷰회의를 위한 준비

<u>리뷰회의를 순조롭게 진행하여 모든 참가자가 중요한 문제를 빠짐없이 발견하려면 어떻게 해야 할까? 여기서는 리뷰회의의 전반前半에 해당하는 준비와 회의 시작까지의 순서를 리더, 리뷰어, 문서 작성자로 나눠 설명한다.</u>

각 리뷰어가 문제를 검출하여 문제기록표를 작성하였다면 드디어 리뷰회의를 연다. 이 리뷰회의는 어떻게 진행해야 할까? 그 순서를 이 장에서 살펴본다.

구체적인 순서를 소개하기 전에 리뷰회의의 원활한 진행에 매우 중요한 리뷰회의의 목적에 대해서 설명한다. 리뷰회의에는 진행자인 리더, 리뷰어, 문서 작성자라는 프로젝트의 주요 멤버가 시간을 할애하여 모인다. 그만큼 1분이라도 허비하지 않도록 리뷰회의 참가자 모두가 목적의식을 강하게 가져야 한다.

리뷰회의의 가장 큰 목적은 리뷰어가 문제를 지적하여 중요한 문제를 빠짐없이 검출하는 것이다. 사전에 설정한 시나리오에 해당하는 문제를 빠짐없이 검출했는지 모든 참가자가 함께 확인한다. 이것이 리뷰회의가 지향해야 할 목표이다.

나아가 중요한 문제를 빠짐없이 검출하는 과정에서 각 리뷰어나 작성자가 대상 문서나 시스템을 어느 정도 이해하고 있는지 서로 파악하는 것도 부수적인 목적이라 할 수 있다. 개개인이 얼마큼 이해하고 있는지 명확해지면 리뷰회의 후의 문서 수정이나 후속 프로세스에서 리더, 리뷰어, 문서 작성자 각자가 '문서 이해도에 차이가 있으므로 긴밀한 협의가 필요하다'거나 '서로 문서 이해도를 맞추었으므로 추가 협의는 필요 없다'는 판단을 할 수 있다.

한편, 리뷰회의에서 문서 작성자나 리뷰어를 교육하거나 팀원 간에 정보 공유를 하려는 경우가 드물게 보이는데, 이는 권장하지 않는다. 교육이나 정보 공유에 드는 시간 때문에 중요한 문제를 빠짐없이 검출하는 데 소홀해지기 때문이다. 교육이나 정보 공유는 리뷰회의와는 별도로 직접 관계있는 사람끼리 모이는 기회를 마련하여 진행하자. 교육에 대해서는 뒤에 다루겠다.

그럼 이제 목적에 따라 리뷰회의를 진행하는 순서를 진행자인 리더, 리뷰어, 문서 작성자로 나누어 알아보자. 이 절에서는 리뷰회의 준비부터 시작까지 전반부 순서를 살펴본다. 회의 진행부터 정리까지의 후반부는 3-2절에서, 리뷰회의 후의 문제 수정과 확인은 3-3절에서 각각 설명한다.

리더의 리뷰회의(전반)

리뷰회의를 원활하게 진행하여 효과를 높이려면 누가 뭐래도 진행을 맡은 리더의 역할이 가장 중요하다. 얼마나 내실 있는 리뷰회의를 할 수 있는지는 리더의 주도적인 준비에 달려있다.

리더는 먼저 ① 지적될 문제를 미리 상정하고 ② 회의 계획을 수립한다. 또한, 리뷰어의 문제 검출이 끝나면 ③ 문제기록표 수집과 확인에 30분 정도의 시간을 소요한다. 리뷰회의 시작 직전에 ④ 회의실을 준비하고, ⑤ 회의 시작을 알리는 회의 시작 선언을 한다(그림 3-1). 이 5단계를 순서대로 살펴보자.

그림 3-1 리뷰회의(전반)에서 리더의 5단계

① 지적될 문제의 상정

리더는 사전에 문제 검출을 할 필요는 없지만, 리뷰회의에 대비하여 시나리오와 대상 문서를 한번 훑어보고 지적된 문제 유형을 다시 확인한다. 아울러 개발될 시스템을 미리 예측해 보고 '이 리뷰에서는 최소한 이러한 문제는 검출해 내야 한다'는 완료 기준을 만들어두는 것도 좋다. 예를 들어, '에러 처리의 포괄성, 데이터베이스 이전migration의 두 가지 문제 유형에 대해서는 빠짐없이 검출했는지 확인한다라고 기준을 만드는 것이다. 이처럼 완료 기준을 만들어두면 리뷰회의의 목표가 명확해져 자신감 있게 회의를 진행할 수 있다.

② 회의 계획 수립

다음으로 리뷰회의의 계획을 세운다. 계획을 수립할 때 리뷰회의의 소요시간을 정하는 것이 중요하다. 먼저, 회의 소요시간을 예상해 본다. 대상 문서의 전체 분량, 대상 문서의 품질(검출된 문제의 수), 시나리오 개수, 문제 검출 난이도 등을 토대로 회의 시간을 예상한다. 시간을 예상할 때는 지적된 문제가 진짜 문제인지 아닌지를 검토하는 시간과 같은 종류의 문제가 또 없는지 확인하는 시간도 포함한다.

소요시간을 무리해서 짧게 예측하지 않도록 한다. 리뷰회의 시간은 나중에 실시하는 문서 수정 공수를 단축시키는 데 드는 투자라고 생각하자. 이익을 얻기 위해서는 투자가 필요한 법이다.

문서 작성자 또는 리뷰어를 교육하기 위한 시간은 소요시간에 넣지 않는다. 교육은 중요한 일이지만 리뷰회의의 주된 목적은 아니다. 리뷰회의에서 교육까지 하려면 중요한 문제가 지적될 때마다 그 내용을 설명해야 하므로 효율이 대단히 나빠진다. 교육은 리뷰회의가 끝난 뒤에 교육할 멤버만 남아 회의 내용을 되짚어 보는 식으로 진행한다. 따로 모여, 왜 이 문제를 지적해야 했는지 어떤 리뷰 관점에서 이 문제를 검출했는지 등에 대하여 생각하게 하거나 가르쳐 주면 관계없는 참가자의 시간을 낭비하지 않아도 된다. 교육이 필요하다고 생각될 경우에는 참가한 리뷰어의 업무 부하와 기량에 따라 교육 담당을 정해 둔다.

이렇게 해서 회의의 소요시간을 예상했다면 예상 시간을 토대로 몇 회에 걸쳐 리뷰회의를 열 것인지 생각한다. 첫 번째 회의는 최대 2시간 정도로 하고, 그 이상 시간이 필요한 경우에는 회의를 여러 번으로 나누어 개최한다. 회의를 최대 2시간 정도로 하는 이유는 2시간을 넘겨 회의를 계속하면 효율이 떨어져 중요한 문제를 놓칠 가능성이 많기 때문이다. 같은 이유로 밤 7시나 8시처럼 피곤해질 시각에 리뷰회의를 하는 것도 피한다.

리뷰회의를 여러 번으로 나눠 열면 효율이 떨어질 것 같지만 그렇지도 않다. 동일한 문서에 시나리오를 바꿔가며 리뷰회의를 하는 형태의 'n-fold 리뷰'(참고문헌[8])로부터 그 효과가 확인되었다.

리뷰회의의 참가자 중에 리뷰어끼리 사이가 틀어져 리더가 감당하기 힘든 경우에도 회의를 여러 번으로 나눈다. 즉, 사이가 나쁜 리뷰어가 서로 같은 회의에 참가하지 않게 한다. 회의를 여러 번으로 나눌 때는 '시나리오 1~3, 시나리오 4~5'처럼 나누면 좋다. 사이가 안 좋은 리뷰어끼리 같은 시나리오를 배당받았을 경우, 그 시나리오를 여러 회의에서 중복하여 다뤄도 상관없다.

마지막으로, 리뷰회의에서 나온 문제를 기록하는 '기록 담당자'를 정한다. 이때, 기록 담당을 아무나 할 수 있는 작업으로 보고 새 멤버나 신입 사원에게 맡기지 않도록 주의해야 한다. 기록 방법이 서투르면 애써 검출한 문제가 수정되지 않을 수도 있다. 교육을 위해 어쩔 수 없이 새 멤버나 신입 사원에게 기록을 맡기고 싶을 때는 기록 내용을 프로젝터에 비추는 등의 방법으로 참가자 모두가 확인할 수 있게 한다. 프로젝터 등의 설비에 대해서는 ④ 회의실 준비에서 자세히 알아본다. 리더가 직접 기록을 담당하는 것도 권장하지 않는다. 리더는 진행자로 전념할 수 있도록 기록은 다른 참가자에게 맡기자.

③ 문제기록표 수집과 확인

리뷰회의 계획을 세웠다면 각 리뷰어가 작성한 문제기록표를 회의 전에 모은다. 대부분의 리뷰어가 회의 바로 직전에 제출하려고 하겠지만, 그래도 사전에 모으기를 권장한다. 회의 전에 문제기록표를 모으면 리뷰어가 보다 진지하게 문제 검출에 임하기 때문이다.

리더는 모은 문제기록표의 개수를 바탕으로 리뷰어가 얼마나 준비되었는지 파악한다. 만약, 회의 당일에도 문제기록표가 거의 모이지 않고, 많은 리뷰어가 문서를 읽어보지 못한 상태라면 리뷰회의의 첫 30분 정도를 문제 검출에 사용한다. 30분은 문제 검출에 충분한 시간은 아니지만 리뷰어가 문서를 전혀 훑어보지 않은 채 회의를 진행하는 것보다는 낫다.

문제기록표 수집으로 돌아와 보자. 모은 문제기록표에서 시나리오와 일치한 문제를 얼마나 검출했는지 확인한 후, 필요에 따라 회의에서 다시 리뷰를 지시하는 등 대책을 생각해 둔다. 내용을 이해할 수 없는 문제기록표가 있다면 표시를 해두고 회의에서 리뷰어에게 확인한다.

또한, 문제의 전제가 복잡하거나 설명이 어려운 경우 모든 참가자가 그 내용을 확인하는 데 시간이 걸릴 수 있다. 이러한 종류의 문제들을 미리 파악해 두고, 이를 토대로 회의의 소요시간을 다시 예측한다.

리뷰회의의 원활한 진행을 위해 우선순위가 높고 문제를 정확히 지적한 것을 먼저 거론하는 것이 좋다. 그러므로 리더 자신이 앞서 상정한 지적될 문제와 리뷰어로부터 모은 문제기록표의 문제 중에서 가장 우선순위가 높은 문제를 미리 뽑아 놓는다.

④ 회의실 준비

이어서 회의실을 준비한다. 회의실을 준비할 때는 단순히 회의실을 예약하는 데 그치는 것이 아니라, 설비나 좌석 배치 등을 고려하는 것이 중요하다(그림 3–2). 회의실은 되도록 좁은 곳을 선택하여 참가자끼리 테이블을 두고 마주 보고 앉도록 배치한다. 서로 가까이 있는 편이 부드러운 회의 진행에 도움이 되기 때문이다.

회의를 함께하기 어려울 정도로 사이가 좋지 않은 리뷰어가 있다면 서로의 모습이 눈에 띄지 않도록 옆으로 나란히 앉게 한다. 또 최근 새로 들어온 멤버가 있다면 화이트보드 가장자리에 참가자 전원의 이름과 좌석 배치를 적어둔다. 새로운 멤버가 참가자들의 이름을 익히고, 다른 참가자들이 새로운 멤버에게 "○○씨, 어떻게 생각합니까?"라고 이름을 불러 말을 걸 수 있도록 하기 위해서다.

회의실에 준비해야 할 설비로 화이트보드는 필수이다. 화이트보드용 펜도 준비하여 그림을 그릴 수 있도록 해둔다. 이와 더불어 프로젝터 또는 대형 디스플레이를 준비하는데, 가능하면 두 대를 준비한다. 한 대에는 리뷰 대상 문서가 보이게 하여 해당 부분이 어디인지 설명하거나 참가자 모두 그 페이지를 열 때까지 기다리는 시간을 단축할 수 있다. 다른 한 대가 더 준비되었다면 기록 담당자가 노트북으로 입력한 문제 지적 내용을 띄운다. 이 기록을 보이게 하면 다함께 그 자리에서 내용을 확인할 수 있어 참가자들의 견해를 조정할 수 있다. 게다가 나중에 문제를 지적한 기록을 여러 사람이 다시 체크해야 하는 수고를 덜 수 있다.

⑤ 회의 시작 선언

이제부터는 리뷰회의 당일의 이야기이다. 진행을 맡은 리더는 회의를 열고 회의 시작을 선언한다. 선언이라고 해서 "회의를 시작합니다"라는 한마디로는 충분하

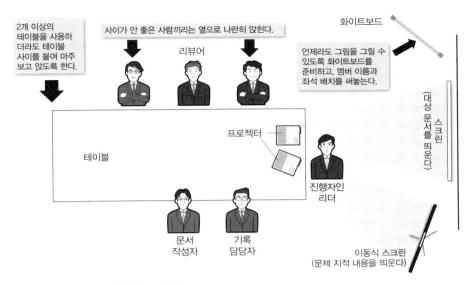

그림 3-2 회의실을 준비할 때의 고려사항

지 않다. "시스템의 품질을 향상시키기 위한 리뷰회의임을 명심하고, 품질 향상에 도움이 되는 지적을 해주길 바랍니다", "리뷰어는 시스템의 문제를 미리 해결해야 함을 잊지 않도록 해주세요", "지적받은 문서 작성자는 문제를 빨리 발견한 사실에 감사합시다" 등 회의의 목적과 마음가짐을 반드시 전달한다. 당연한 일이라고 해서 생략하지 않도록 한다.

회의의 시작에서는 이전 리뷰회의에서 종종 경험한 실패 패턴과 이를 방지하는 규칙을 선언한다. 예를 들면, 본질을 벗어난 문제를 지적하는 일이 자주 발생한다면 "중요한 문제로 범위를 좁혀서 지적해 주십시오"라는 규칙을, 문제가 지적될 때마다 그 수정방법에 대한 논쟁으로 회의가 길어지는 일이 빈번하면 "수정방법에 대한 논의는 리뷰회의 후에 합니다"라는 규칙을 전달한다.

이처럼 리뷰회의의 목적이나 마음가짐, 규칙을 전달해도 그에 따르지 않고 논쟁이 일어날 때도 있다. 그럴 때는 리더만이 아니라 참가자가 서로 주의를 주도록 정하면 원만하게 진행할 수 있다.

이를 위해 고안한 방법이 암호(그림 3–3)다. 예를 들어, 본질을 벗어난 문제를 지적했을 때에는 "○○씨, 리프 노드Leaf Node*"라고 말하여 주의를 준다. 험악한 분위기가 되지 않도록 직접적인 표현을 피하는 것이 팁이다. 리뷰회의의 시작에서 이와 같은 암호를 정해 두면 입장, 연령, 경력에 연연하지 않고 쉽게 주의를 줄 수 있다.

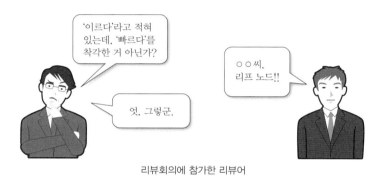

리뷰회의에 참가한 리뷰어

그림 3–3 진행을 원활하게 하는 암호의 예

---

* [역주] 리프 노드는 트리 자료 구조에서 브랜치 노드 또는 인터널 노드의 반대 개념으로 '자식 노드가 없는 노드'라는 의미로 사용되며, 일부 트리에서는 리프 노드에는 데이터를 저장하지 않는다. 여기서는 주제를 벗어난 이야기라는 의미로 사용되었다.

리뷰어의 리뷰회의(전반)

리뷰어도 문제 검출을 끝낸 후부터 리뷰회의의 시작까지 해야 할 일이 있다. 무작정 리뷰회의에 참석하여 문제 지적만 하면 되는 게 아니다. 문제를 검출한 후부터 리뷰회의에 참가할 때까지 ① 검출한 문제의 우선순위 결정 ② 지적할 문제에 대한 설명 준비라는 두 단계를 마쳐놓는다. 검출한 문제 수에 따라 달라지겠지만 이 두 단계의 소요시간은 30분 정도로 생각한다. 그 다음에 회의의 시작에서 ③ 마인드의 재인식 단계를 5분 정도에 걸쳐 수행한다. 이제부터 이 3단계를 차례로 설명하도록 한다(그림 3-4).

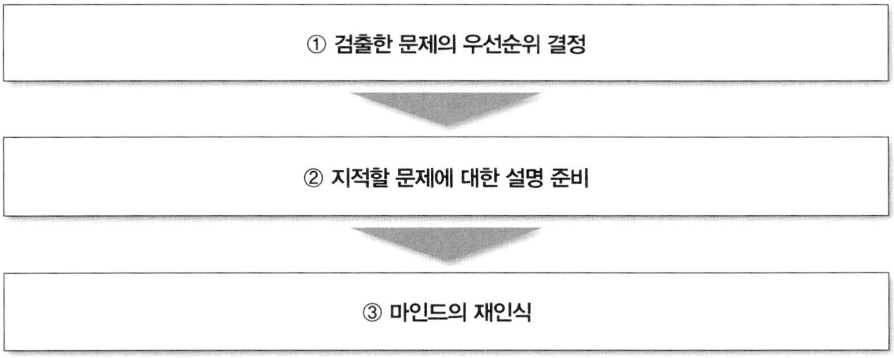

그림 3-4 리뷰회의(전반)에서 리뷰어가 해야 할 3단계

① 검출한 문제의 우선순위 결정

맨 처음 단계는 검출한 문제의 우선순위 결정이다. 우선순위 없이 문제를 지적하다 보면 정작 중요한 문제를 리뷰회의 시간 안에 지적하지 못할 수도 있다. 5~10분이면 끝나는 일이므로 반드시 해두자.

검출한 문제의 우선순위는 시나리오의 우선순위에 따라 결정하는 것을 원칙으로 한다. 다만 시나리오의 우선순위가 명확하지 않거나 시나리오가 정해져 있지 않은 경우, 또는 시나리오에 해당하지 않은 문제인 경우에는 문제를 놓쳤을 때의 리스크(주로 후반 프로세스에서의 수정 공수)를 예측하여 우선순위를 매긴다. 정도가 비슷하다면 순위를 동일하게 해도 상관없다. 그러나 동일 순위의 문제 수가 많아지지 않도록 한다. 많아도 3개 정도로 제한한다.

우선순위를 매길 때는 문제를 한번 훑어본 후, 잘못된 서식이나 단순한 오탈자 같은 문제는 제외한다. 경미한 문제는 리뷰회의 중에 발언하지 말고 나중에 메일로 보내거나 종이 문서로 전달하자.

② 지적할 문제에 대한 설명 준비

문제의 우선순위를 정했다면 그 문제를 설명할 내용을 준비한다. 우선, 문제기록표를 하나씩 살펴보고, 문제의 발생 조건이나 발생 메커니즘의 설명이 까다로운 것을 고른다. 예를 들어, 복잡한 업무 순서의 잘못된 예외 처리에 관한 문제를 지적한다고 해보자. 이 경우 정상적인 업무 순서를 먼저 설명하여 다른 참가자를 이해시킨 후에 올바른 예외 처리를 설명할 필요가 있다. 이렇듯 복잡한 문제에 대해서는 짧은 시간에 설명할 수 있도록 미리 설명 내용을 준비해 둔다. 문제 내용을 처음 듣는 리뷰어도 이해할 수 있도록 설명에 신경을 쓰며, 단순한 설명만으로 부족하다고 느낄 때에는 보조 자료를 준비한다. 보조 자료를 준비할 시간이 없더라도 최소한 어떻게 설명하면 될지 머릿속으로 시뮬레이션해 둔다.

다음으로는 문제기록표의 내용에 문서 작성자의 기분을 상하게 하는 표현이 없는지 확인한다. 예를 들어 '~가 전혀 없다'는 '~가 없다'로 해도 된다. '이 글은 이해불가'는 '이 글은 주어가 생략되어 있어 의미를 이해하기 어렵다'로, '~를 모르겠다'는 '~가 명확하지 않기 때문에 여러 의미로 해석될 수 있다' 등으로 표현할 수 있다.

물론, 이렇게 에둘러 표현해도 중요한 문제를 몇 개씩 지적당하면 문서 작성자는 괴로운 것이 당연하다. 그러므로 문서 내용 중 좋았던 점도 꼭 언급해 주도록 한다. "기능의 배치가 장애 발생 시 리스크를 쉽게 확인할 수 있어서 어디를 자세히 검토해야 할지 명확했습니다", "실행 전 조건이 명확하게 명시되어 있어 기능 사양을 이해하기 쉬웠습니다", "조건을 표 형식으로 정리해서 누락을 확인하기 편했습니다" 등 앞으로도 계속 해주었으면 하는 일이나 자신도 따라 해보고 싶은 점을 메모해서 리뷰회의의 자리에서 말한다. 이런 칭찬이 리뷰회의의 딱딱한 분위기를 부드럽게 하는 귀중한 윤활유가 된다(그림 3-5). 게다가 문서 작성자가 나중에 지적된 문제를 수정할 때 좋았던 점이 문제기록표에 적혀 있으면 '나빴던 점뿐 아니라 좋았던 점도 있었어'라고 긍정적인 사고를 하게 된다.

그림 3-5 칭찬이 귀중한 윤활유가 된다

③ 마인드의 재인식

리뷰회의의 시작으로 이야기를 이어가 보자. 리뷰회의의 시작에서 리뷰어가 해야 할 일은 마인드(마음가짐)를 재인식하는 것이다. 리뷰회의는 참가자 한 사람 한 사람의 태도에 따라 길어지기도 하고 짧아지기도 한다. 그런 만큼 리더에게만 진행을 맡기지 말고, 개개인이 원만하게 진행하여 회의를 빠른 시간 안에 끝내야 한다는 인식을 갖는 것이 중요하다.

특히, 베테랑이나 중견 경력의 리뷰어는 유의해야 한다. 다른 참가자들의 눈치를 안 보고 말할 수 있는 위치이기 때문에 뭐든지 참견하는 사람이 있다. 예를 들어, 리뷰어 A씨가 "업무 흐름에서 승인을 필수로 받게 하면, 팀장이 자리에 없을 때 업무가 밀릴 수 있습니다"라고 문제를 지적했을 때 "그래그래, 잘 찾아냈군, A씨. A씨가 신입일 때는 이런 지적을 하게 될 줄 생각도 못했지"라는 식으로 참견하며 주제에 벗어난 이야기를 하기도 한다(그림 3-6).

그림 3-6 베테랑일수록 괜한 참견을 하기도 한다

IT 엔지니어로 경력을 쌓은 베테랑일수록 다른 멤버에게 이야기하고 싶은 경험을 많이 겪어 악의없이 이런 참견을 하기 쉽다. 그런 발언 중에는 다른 멤버에게 의미 있는 이야기도 있다. 전부 쓸데없는 말이라고 할 수는 없지만, 그런 말참견으로 리뷰회의 시간이 길어지고 중요한 문제를 놓치게 되면 주객이 전도된 격이다. 중견급이라면 위치에 대한 자각을 갖고 의식적으로 불필요한 발언을 삼가자.

또 하나 유의할 점이 있다. 문제를 지적해서 문서 작성자의 태도나 자세를 고치려고 해도 잘 되지 않을 때가 종종 있다는 사실을 깨달아야 한다. 문서 작성자가 완고하거나 건방진 느낌이 들면, 리뷰어는 작성자의 부족한 지식이나 단순한 실수를 들추어 태도를 고치려고 한다. 리뷰어 여럿이 합세하여 흠을 들추는 경우도 드물지 않다. 또한, 문서 작성자의 태도를 고치려고 질문을 되풀이하는 리뷰어도 적잖이 있다. 베테랑 리뷰어가 신입이나 중견급 문서 작성자에게 유도 질문을 반복하는 광경을 본 적이 있을 것이다. 유도 질문을 반복하여 문서 작성자의 대답에서 모순을 찾아내려는 속셈이다.

이러한 지적은 해봤자 문서 작성자는 불만을 품을 뿐이다. 지적당한 내용을 제대로 받아들여 태도나 자세를 고치는 일은 적을 것이다. 오히려 그 문서 작성자가 리뷰어가 되었을 때, 똑같이 다른 작성자의 부족한 지식이나 단순한 실수를 들추어 낼 수 있다. 그런 나쁜 문화가 고착되어 리뷰회의가 비난의 장이 되는 경우도 있다. 문서 작성자의 태도나 자세가 좋지 않더라도, 시스템의 품질을 향상시키는 데 목적을 두고 담담하게 문제를 지적하자. 이는 리뷰어가 가져야 할 중요한 기술 중 하나이다. 리뷰회의 시작에서 꼭 이 사실을 염두에 두자.

문서 작성자의 리뷰회의(전반)

마지막으로 문서 작성자가 리뷰회의를 위해 준비해야 할 것이 두 가지 있다. 우선, 회의에서 리뷰어가 문제를 지적했을 때 문제에 해당하는 부분을 확인하기 쉽도록 사전에 관련 문서나 보조 자료를 준비한다. 예를 들어, '외부 시스템과의 연계'라는 문제 유형의 시나리오라면 연계되는 외부 시스템의 인터페이스 정의서를 미리 준비해 놓는다.

다른 하나는 리뷰회의 시작 시에 정신을 가다듬는 것이다. 리뷰어 중에는 악의가 없어도 문제를 지적할 때 신랄한 말을 퍼붓는 사람이 있기 마련이다. 그럴 때 문서 작성자는 자기 자신이 비난받고 있다고 여기면 안 된다. 자신과 문서를 분리해서 생각하고, '리뷰어는 문서의 문제를 지적하고 있다'는 사실을 유념해야 한다. 물론, 그 문서를 작성한 사람은 작성자 본인이므로 지적당한 문제가 마치 남의 일인 양 행동해서는 안 된다. 그러나 자존심을 내세워 리뷰어와 시비조로 논쟁하거나 너무 침울해하지는 않도록 한다.

모든 문제 지적을 객관적으로 받아들여 문제를 지적해 준 것을 감사히 여기고, 수정방법과 재발 방지책을 생각한다. 이는 문서 작성자에게 매우 중요한 기술 중 하나이다.

정리

- 진행을 맡은 리더의 준비가 리뷰회의의 성패를 좌우하는 핵심이다. '지적될 문제의 상정', '회의 계획 수립' 등 5단계를 준비한다.
- 리뷰어는 검출한 문제의 우선순위를 매기고, 설명할 내용을 준비해 둔다.
- 문서 작성자는 지적받은 문제의 내용을 확인하기 쉽도록 관련 문서나 보조 자료를 준비해 놓는다.

제시간에 문제를 검출하는
똑똑한 리뷰회의 진행방법

리뷰회의는 끝없이 이어진다고 미리 단정 짓고 있지 않은가? 제시간 안에 중요한 문제를 빠짐없이 검출하려면 모두가 자신의 역할을 해내는 것이 중요하다. 여기서는 리뷰회의의 진행부터 회의 종료까지의 순서를 살펴본다.

정해진 시간 안에 리뷰회의 '최종 목표'에 도달하기 위해서는 어떻게 회의를 진행해야 할까? 이것이 이 절의 주제이다. 3−1절에서는 리뷰회의 준비부터 시작까지의 순서를 살펴봤다. 여기서는 그다음으로 이어지는 진행부터 회의 종료까지 순서를 알아본다.

그 전에 다시 리뷰회의의 최종 목표를 확인해 두자. 리뷰회의의 최종 목표는 사전에 설정한 시나리오에 해당하는 문제를 빠짐없이 검출했음을 참가자가 다함께 확인하는 것이다. 이 최종 목표에 도달하려면 진행자인 리더뿐 아니라, 리뷰어와 문서 작성자도 회의를 원활하게 진행할 수 있도록 최대한 노력해야 한다. 이제부터 리더, 리뷰어, 문서 작성자별로 순서를 살펴보자.

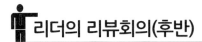 리더의 리뷰회의(후반)

먼저. 리더의 순서부터 살펴보자. 리더는 각 리뷰어에게 사전에 검출한 문제를 받고, 참가자들과 공유한다. 그때 시나리오에 따라 포괄적으로 문제를 검출했는지 확인한다. 구체적인 단계는 ① 지적된 문제 내용의 이해와 공유 ② 유사한 중요 문제의 검출 ③ 주제를 벗어났을 때의 궤도 수정 ④ 시나리오 완료 확인 ⑤ 회의 종료의 다섯 가지이다(그림 3-7).

그림 3-7 리뷰회의(후반)에서 리더의 5단계

① 지적된 문제 내용의 이해와 공유

문제 지적은 시나리오마다 실시하되, 하나의 시나리오가 끝나고 나서 다음 시나리오로 넘어가도록 한다. 시나리오의 검토 순서는 미리 정해 둔 우선순위를 따른다.

리더는 먼저, 우선순위가 높은 시나리오를 담당한 리뷰어에게 문서의 어느 부분을 어떻게 검출했는지 '검출방법'을 듣는다(그림 3-8). 검출방법이란 '서버가 예상보다 요청이 많아 바쁜 상황에도 3초 안에 응답할 수 있는가?라는 시나리오에 대해 82~86쪽에서 해당 기술 내용을 확인했습니다'라는 식으로 시나리오에 해당하는 기술 내용이 구체적으로 문서의 어느 위치에 포함되어 있는지 나타내는 것이다. 또한, 해당 내용의 위치를 전부 자세하게 조사하지 못했어도 정직하게 말하게 한다. 물론, 리뷰어에게 검출방법의 설명을 요구해도 명확한 해답이 없을 때가 많다. 하지만 검출방법을 아는 것은 문제를 검출할 때 중요한 요소이므로 리더는 질문을 통해 리뷰어가 검출방법을 명확하게 인지할 수 있게 한다.

그림 3-8 시나리오마다 문제 검출방법을 확인한다

다음으로는 리뷰어에게 검출한 문제에 대해 하나씩 설명을 듣는다. 리더는 리뷰어가 문제 지적을 시작했을 때, 해당 페이지를 명시하고 있는지 주의를 기울인다. 해당 페이지를 설명하지 않았다면 "몇 페이지의 어디입니까?"라는 식으로 문서의 위치를 명시하도록 요구한다. 그래도 리뷰어가 가리킨 페이지를 찾지 못한 참가자가 있다면 "84페이지 오른쪽 위에 있는 표 A-3입니다"라는 식으로 리더가 가르쳐 준다.

3-1절에서 가능한 한 프로젝터를 두 대 준비하여 그중 한 대에 대상 문서를 보이게 한다고 설명했다. 이렇게 준비를 해두면 해당 부분이 몇 페이지인지 설명을 생략함으로써 회의시간을 단축할 수 있다.

리더는 리뷰어가 지적하는 문제의 설명을 똑똑히 듣고 이해한다. 그때, 문제 내용을 제대로 이해하지 못하거나 다른 참가자가 이해하지 못한 것 같으면 "그 지적은 표 A-3과 표 A-4의 내용이 시간이 초과한 경우에 모순된다는 얘긴가요?"라는 식으로 질문하거나 보충설명을 한다.

리더는 리뷰어에게 질문할 때 "무슨 말인지 모르겠습니다", "좀 더 알기 쉽게 설명할 수 없나요?"처럼 리뷰어를 비난하는 말투를 쓰지 않도록 주의한다. 리더는 진행자로서 리뷰어를 보조하고, 지적 내용을 모든 참가자가 이해할 수 있도록 힘쓴다.

② 유사한 중요 문제의 검출

리뷰어가 문제를 하나 지적할 때마다 리더는 "그 문제를 놓쳐서 후반 프로세스에서 수정했다면 수정 공수가 얼마큼 늘었을까?"라고 생각해 보고 문제의 심각도를 결정한다. 그리고 지적한 리뷰어 또는 리더는 심각도를 제시하고 다른 참가자의 동의를 얻는다. 리뷰어가 문제를 지적하고 이를 공유했다면 다른 리뷰어한테 유사한 문제나 관련된 문제가 없는지 확인한다. 특히, 같은 시나리오를 담당하는 다른 리뷰어의 의견을 들어본다.

여러 리뷰어가 유사한 중요 문제를 지적했을 경우에는 그것을 단서로 다른 중요한 문제가 없는지 확인한다. "데이터 갱신 순서를 착각한 문제가 두 건 지적되었습니다. 같은 원인으로 발생할 문제가 또 없습니까?", "다른 부분이나 상황에서 같은 문제가 일어나지 않습니까?"라고 질문하여 확인한다(그림 3-9).

이때, 시간이 오래 걸리지 않도록 주의한다. 다함께 문서를 샅샅이 다시 읽어 유사한 문제를 찾아내려고 하는 사태는 피하자. 다시 살펴볼 범위를 좁혀 유사한 문제가 있는지 확인하는 정도에서 그친다.

그림 3-9 유사한 중요 문제를 다함께 검출한다

③ 주제를 벗어났을 때의 궤도 수정

참가자가 모두 유사한 문제를 검출할 때, 다양한 의견이 나올 수 있으므로 논의가 주제를 벗어날 수 있다. 리더는 논의가 어떻게 진전되는지 주의를 기울이고, 주제를 벗어났다고 판단되면 "주제로 돌아옵시다"라고 말하여 궤도를 수정한다. 3-1절에서 언급한 바와 같이, 주제를 벗어났을 때의 암호를 정해 두면 완곡하게 주의를 줄 수 있다. 예를 들어 '(골프의) 슬라이스*'라고 암호를 정할 수 있다.

때로는 한 리뷰어가 지속적으로 주제를 벗어나기도 한다. 그런 리뷰어는 리뷰회의를 자기과시의 장으로 여기는 사람이어서 주의를 줘도 바로 주제로 돌아오려고 하지 않는다. 그런 리뷰어는 "역시 그렇게 세세한 부분까지 보고 있군요"라며 일단 발언의 가치를 인정한 뒤에 "그럼 본론으로 돌아와서 얘기합시다"라고 이야기하면 주제를 오래 벗어나지 않고 끝난다.

참가자끼리의 앙갚음을 제지하는 것도 리더의 몫이다. 여기서 말하는 앙갚음이란, A씨가 리뷰어 입장에서 B씨가 작성한 문서를 신랄하게 비난하면, 기분이 상한 B씨가 나중에 리뷰어가 되었을 때 A씨가 작성한 문서를 필요 이상으로 지적하는 것이다. 이는 많은 프로젝트에서 문서 작성자가 다른 작성자의 문서에 대한 리뷰어를 겸하기 때문에 일어난다. 어느 리뷰회의에서는 A씨가 리뷰어로 B씨가 작성자로 있는 반면, 다른 리뷰회의에서는 B씨가 리뷰어로 A씨는 작성자로 입장이 바뀐다.

문서 작성자가 리뷰어를 겸하는 것은 팀 편성 여건상 어쩔 수 없기 때문에 리더는 앙갚음을 방지할 방도를 구해야 한다. 필자가 실천한 방법은 리뷰어로부터 신랄한 지적을 받을 때마다 그 내용을 부드러운 표현으로 바꿔 말하는 것이다. 예를 들어 "요청에 대한 응답 시간이 초과한 경우 3초 간격으로 3회까지 재시도하고, 그래도 응답이 없으면 3분 간격으로 3회 재시도해야 합니다. 팀에서 '3초3분 규칙'을 적용하기로 정했는데 기억 못 하는 겁니까?"라는 모진 지적이 있었다고 하자. 그때 리더는 지체 없이 "수정방법에 대한 조언까지 해주셔서 고맙습니다. 재시도의 간격과 횟수에 문제가 있다는 지적이군요. 3초3분 규칙에 따라 수정하면 되는 거죠?"와

---

* [역주] 슬라이스(slice). 골프에서 타구가 바깥쪽으로 휘어져 나가는 일.

같이 뾰족한 표현을 없애고 문제와 수정방법만 정리하여 다시 전달한다.

또한, 리뷰회의 중에 교육이 시작되기라도 한다면 리더는 "그 점에 관해서는 시간을 들여 가르쳐줘야겠군요. 항목을 적어놓고, 이 회의가 끝난 뒤에 계속하기로 하죠"라고 말하여 중단시킨다. 문제의 검출방법이나 문서 쓰는 법 등 관련 교육이 필요하지 않은 참가자도 있기 때문이다. 2~3분 안에 끝나지 않는 설명이라면 가능한 한 빨리 중단시킨다.

④ 시나리오 완료 확인

하나의 시나리오에 따라 중요한 문제 지적이 끝났으면 모든 참가자가 함께 검출방법과 지적된 문제를 다시 재검토하고, 유사한 문제가 없는지 거듭 주의하며 확인한다. "검토 대상 범위에는 해당 시나리오로 검출할 수 있는 문제가 이제 없다"고 할 수 있다면 그 시나리오는 완료된 것이다. 만약 불충분하다면 담당 리뷰어에게 추가적인 문제 검출을 요구하는 등 추가 대책을 강구한다.

이렇게 재차 확인하는 작업은 반드시 하길 바란다. 그 효과는 중요한 문제의 누락이 감소하는 데 그치지 않고 테스트에까지 영향을 발휘한다. 이러한 시나리오 완료 확인 작업은 어떤 테스트를 중점적으로 실시해야 하는지, 어떤 테스트를 생략할 수 있는지 판단할 수 있는 자료가 된다. 또한, 테스트에서 문제가 검출되었을 경우에 원인을 파악하는 판단 근거가 되기도 한다.

하나의 시나리오가 끝났을 때 논의가 산만하다고 판단되거나, 참가자가 피로한 모습을 보이거나, 계속된 지적 때문에 분위기가 좋지 않은 상황이라면 휴식을 가지는 것도 좋다. 10분 안팎의 휴식만으로도 참가자의 집중력 회복에 도움을 줄 것이다.

⑤ 회의 종료

생각보다 리뷰회의가 길어졌을 때는 2시간을 기준으로 일단 리뷰회의를 종료시키고, 나중에 다시 추가로 회의를 한다. 우선순위가 낮은 시나리오만 남았다면, 검출한 문제를 메일로 돌려보는 방법으로 끝내는 것도 하나의 방법이다.

추가 회의를 다시 연다는 것이 쉬운 일은 아니다. 하지만 리뷰로 중요한 문제를 빠짐없이 검출하면 후반 프로세스에서 재작업을 방지할 수 있어, 결과적으로는 프로젝트 작업 기간을 단축하고 공수를 줄일 수 있다. 프로젝트 전체적으로 보면, 요구사항명세 프로세스나 설계 프로세스의 완료기일을 늦춰서라도 추가 리뷰회의를 열어야 한다. 리더는 리뷰회의의 난항이 예상되면 미리 예비 일정을 확보해 두는 것이 좋다.

모든 시나리오에 대한 검토가 끝났다면 리더는 리뷰회의를 끝낸다. 먼저 "이해되지 않거나 명확하지 않은 부분, 확인 도중에 흐지부지된 사항은 없습니까?"라고 물어 참가자에게 의문점이 남아있는지 확인한다. 이때, 회의에서 발언이 적었던 리뷰어를 배려해야 한다. "○○씨, 충분히 지적했나요? 신경 쓰이는 곳은 없습니까?"라고 물어 발언 기회를 준다. 발언이 적었던 참가자는 때때로 자신이 리뷰회의에서 찾아낸 문제나 의문점을 하찮은 문제라고 과소평가하기도 한다. 그런 사람을 이끌어 주는 것도 리더가 할 일이다.

다음으로 지적된 문제에 대해 각각 수정 담당자와 수정확인 담당자를 배정한다. 수정 담당은 문서 작성자가 맡는 것을 원칙으로 한다. 품질 저하의 위험성이 높은 경우 시스템을 잘 아는 사람과 함께 배정한다. 수정확인 담당자는 작업부하를 고려하여 문제를 지적한 리뷰어 또는 리더 자신이 맡는다.

리뷰회의 마지막에 리더는 참가자에게 "바쁘신 와중에 다 같이 확인해 주셔서 감사합니다"라는 감사의 말을 전한다. 감사의 말을 전할 때는 "네 개의 중요한 문제를 찾았기 때문에 테스트 프로세스에서 큰 수정을 방지할 수 있었습니다. 만약 찾아내지 못했다면 시스템 테스트 중에 휴일도 반납하고 계속 근무했을지도 모릅니다"라는 식으로 작업 성취를 고취시켜주는 언급을 하면 좋다.

리뷰회의가 끝나면 기록 담당자가 정리한 문제일람표를 바로 메일로 보내도록 지시한다. 리더 중에는 자신이 확인 후 보내려고 하는 사람이 있다. 하지만 문제일람표는 신속성이 중요하다. 수정하고 싶은 점이 있다면 나중에 알려주면 된다. 문서 작성자의 기억이 선명하게 남아있을 때 문제일람표를 전송하자.

리더의 역할은 아직 끝나지 않았다. 대대적인 수정을 할 때는 수정 후에 관계된 멤버만 모여 리뷰회의를 갖는다. 필요에 따라서는 3–1절에서 언급한 교육 목적의 미팅을 갖는다.

존중형과 견제형 리뷰를 구분해서 쓴다

나는 리뷰 연구자라는 직업상 다양한 기업의 리뷰를 실제로 보기도 하고 듣기도 하는데, 기업 문화나 사내 분위기가 리뷰와 밀접한 관계가 있다는 사실을 느낀다. 문화나 사내 분위기가 다른 회사로 이직한 경험이 있는 사람은 나와 같은 생각을 했을 것이다. 평온하게 일을 진행하고 서로 이해하는 것을 장점으로 인정해 주는 조직이 있는가 하면, 친숙함보다는 견제로 서로 자극을 주면서 성장하는 조직도 있다. 여기서는 이를 각각 '존중형'과 '견제형'이라고 하자.

존중형 리뷰는 리뷰어와 문서 작성자가 서로를 인정한다. 리뷰회의 중에 웃음이 터지거나 기술을 인정하는 발언을 하기도 한다. 신뢰감을 쌓으면서 개발을 진행할 수 있다. 서로 부족한 점이나 생각이 다른 점이 없는지 확인하며 서로 배려할 수 있다는 점이 장점이다. 반면에, 서로 지나치게 믿어서 중요한 문제를 놓치거나, 작성자의 자가 체크가 소홀해지는 단점이 있다.

견제형 리뷰에서는 중요한 문제를 지적한 리뷰어는 인정을 받지만, 문서 작성자는 기술이 부족하다고 여겨진다. 그 때문에 작성자는 사전에 문서를 확인하고 되도록 문제를 지적받지 않으려고 노력하는 경향이 있다. 리뷰 전에 작성자가 시간을 들여 재검토하기 때문에 리뷰하기 전이라도 문서의 문제가 줄고, 문제 검출이나 리뷰회의가 단시간에 끝나는 장점이 있다. 한편, 문서를 좀처럼 제시간에 제출하지 않거나, 신기술을 비롯한 새로운 것에 도전하기 꺼린다는 단점이 있다.

존중형과 견제형은 어느 쪽이 더 훌륭하다고 할 수 없지만, 조직에 따라 어느 한쪽으로 치우치지 않도록 균형을 잡는 것이 중요하다. 이상적인 예로, 워크스루 같은 가벼운 형식의 리뷰에는 존중형, 각 과정의 마지막 리뷰에서는 견제형을 구분해서 적용한다면 리뷰의 효과를 더욱 향상시킬 수 있을 것이다.

리뷰어의 리뷰회의(후반)

이제 리뷰어의 차례다. 설계 리뷰회의 후반에서 리뷰어의 작업 순서는 ① 문제 검출방법 설명 ② 문제 지적 ③ 문제 지적 종료 ④ 다른 리뷰어의 지적내용 이해까지 총 4단계이다(그림 3–10).

① 문제 검출방법 설명

리뷰어는 문제 검출 순서의 ③ 시나리오 다시 보기에서 준비한 문제 검출방법을 설명한다. 시나리오보다는 문제의 해당 페이지와 확인방법을 구체적으로 설명한다. 예를 들면 "기본 설계문서의 30~32쪽과 41~44쪽에 있는 에러 코드가 115쪽의 정의대로 구조화되었는지 확인했습니다"라는 식이다. 검출방법은 가능한 한 간략하게 설명하되, 설명한 내용을 다른 사람들이 인지하는지 다른 리뷰어가 설명을 잘 따라오고 있는지 상황을 살피며 발표한다.

그림 3-10 리뷰회의(후반)에서 리뷰어의 4단계

② 문제 지적

리뷰어는 시나리오별로 검출한 문제 중에서 심각도가 높은 문제부터 지적한다. 단, 심각도가 높은 문제는 연관된 다른 시나리오에서 이미 검출한 문제라도 함께 지적한다. 예를 들어, 웹 브라우저에서 일정 시간 조작이 없을 경우 시간 초과 처리에 관한 문제를 지적할 때, 다른 시나리오에서 이미 검출한 서버 측에서의 세션 유효기한의 오류를 함께 지적한다.

리더의 단계에서도 언급한 바와 같이, 리뷰어는 문제의 내용을 전달할 때 문서상의 위치를 반드시 명시하도록 한다. 다른 참가자가 문서의 어느 부분에 대한 설명인지 모르는 상태로 듣고 있으면, 아무리 친절하게 설명해도 문제의 내용을 이해하지 못한다. 다른 참가자자 종이를 다 넘긴 것(또는 노트북에서 문서 스크롤을 끝냈으면)을 확인하고 설명을 이어간다.

간혹 복잡한 문제에 대한 설명을 "어떻게 설명하지"라며 리뷰회의 자리에서 생각하는 리뷰어가 있다. 다급하게 생각해 낸 설명으로는 다른 참가자들을 이해시키기 어려울 것이다. 그러면 리뷰어는 초조해져서 "다른 예로 설명하겠습니다"라고 말하며 다시 처음으로 돌아가 이해하기 어려운 설명을 하거나 불필요한 보충설명을 하기도 한다. 설명이 명확하지 않으면 다른 참가자들은 말수가 적어지거나 "알기 쉽게 설명할 수 없습니까?"라며 못마땅해한다. 이런 상황이 리뷰어를 더욱 초조하게 만들고 결국은 악순환에 빠진다.

한정된 시간 안에 회의를 순조롭게 진행하려면 리뷰어 개개인이 간결하고 알기 쉽게 문제의 내용을 설명해야 한다. 그러려면 3–1절에서 언급한 것처럼 사전에 설명할 내용을 준비해 놓는 것이 효과적이다. 특히 복잡한 문제는 간단한 메모를 더하면 좋다.

복잡한 문제의 내용을 설명할 때는 화이트보드를 적극적으로 사용하자(그림 3–11). 처리 순서나 분기 조건, 클래스 구조 등 말로 하는 것보다 도식화하여 보여주면 훨씬 알기 쉬운 내용들이 많다.

그림 3–11 문제 지적에서 화이트보드를 적극적으로 활용한다

③ 문제 지적 종료

한 문제에 대해 다른 참가자와 그 내용을 공유하였다면 해당 지적을 마무리한다. 그때, 기록 담당자의 상황을 살펴보고 정리 방법을 곤란해하지 않는지 확인한다. 어떻게 해야 할지 당황해하고 있다면 기록 담당자의 컴퓨터 화면을 보면서 어떻게 쓰면 되는지 알려준다.

리뷰어가 다음 지적으로 넘어가려고 할 때, 다른 참가자들 사이에서 수정방법에 대한 논쟁이 일어나기도 한다. 그럴 때는 리더에게만 진행을 맡기지 말고 "다음 문제로 넘어가겠습니다"라고 말해 논쟁을 중단시킨다.

④ 다른 리뷰어의 지적에 대한 이해

다른 리뷰어의 문제 지적 시에는 그 내용을 이해하려고 노력한다. 해당 리뷰어의 문제 검출방법에 빠진 것이 없는지 주목한다. 다른 리뷰어가 지적하고 있는 문제 내용이 단서가 되어 놓치고 있던 문제를 발견하는 일도 적지 않다. 그렇게 찾아낸 문제는 다른 리뷰어의 지적이 끝나면 전달한다. 무리해서 끼어드는 행동은 부디 자중해 주기 바란다. 갑자기 발견한 문제는 금방 잊어버리므로 꼭 메모해 두자. 다른 리뷰어가 지적한 문제를 자신도 검출했다면 이야기를 가로막지 않도록 주의하면서 "저도 그렇게 생각했습니다"라고 짧게 말한다.

또한, 다음에 도움이 될 만한 문제 검출방법이 있다면 메모해 둔다. 다른 리뷰어가 하는 이야기는 큰 참고가 될 것이다. 다만, 문제 검출의 아이디어 등 자세히 듣고 싶은 내용이 있어도 원활한 진행을 위해 질문은 자제하도록 한다. 리뷰회의가 끝나고 나서 개별적으로 듣는 것이 좋다.

앞서 언급했듯이, 하나의 시나리오대로 중요한 문제 지적이 끝났다면 리더의 지시에 따라 실시한 검출방법과 지적된 문제를 다시 한번 재검토하고 유사한 문제가 없는지 확인한다. 이 시나리오를 완료했다는 판단은 모든 참가자가 함께 결정한다. 그런 만큼 리뷰어는 긴장을 늦추지 말고 다른 리뷰어의 이야기도 끝까지 제대로 들어둘 필요가 있다.

문서 작성자의 리뷰회의(후반)

마지막으로 문서 작성자의 마음가짐에 대해 설명한다. 우선, '지적된 문제에 대한 이해와 감사'의 마음가짐이다. 문제를 지적받을 때 반사적으로 "그건 정기회의에서 M씨가 애매하게 말해서 그렇죠"라는 식으로 문제가 생긴 원인을 말해 어떻게든 자기를 변호하려는 작성자가 있다. 냉정하게 따지자면, 아무리 자기 변호를 한다 해도 자신이 작성한 문서에서 중요한 문제가 없던 것이 되지는 않는다. 리뷰회의 시간이 길어질 뿐이다.

문서 작성자는 문제를 지적받았을 때 그 내용을 정확하게 이해하는 데 힘써야 한다. 문서와 자신을 따로 떼서 생각하고, 자신을 비난하는 것이 아니라 리뷰어가 이 문서의 품질을 향상시키는 데 도움을 주고 있다고 생각하는 것이 중요하다. 자신이 작성한 문서의 문제 지적을 객관적으로 받아들이는 것도 작성자에게 중요한 기술이다. 또한, 문제를 지적받았다면 "참고가 되었습니다", "고맙습니다" 등의 감사의 말을 잊지 않도록 한다(그림 3-12). 이 한마디가 리뷰어와의 의사소통을 원활하게 한다.

문서 작성자　　　　　　　리뷰어

그림 3-12 감사의 말을 표하여 의사소통을 원활하게 한다

문서 수정은 회의 종료 후에

두 번째 마음가짐은 리뷰회의가 끝나고 나서 문서를 수정하는 것이다. 문서 작성자 중에는 자신이 맡은 부분의 문제 지적이 끝나면 그 자리에서 수정을 시작하는 사람이 있다. 그 마음은 충분히 이해가 가지만, 조금만 참도록 하자. 문서 수정은 리뷰회의가 끝난 후에 해야 한다. 리뷰회의는 모든 참가자가 문제를 공유하여 확인함으로써 문제를 더 포괄적으로 찾아내는 과정이다. 다른 문서 작성자가 담당한 부분에서도 중요한 문제를 빠짐없이 발견하기 위해 함께 힘을 쏟도록 하자.

두려운 리뷰회의

서로의 엄격한 문제 지적을 통해 문서의 품질을 향상시키는 견제형 리뷰를 시행하는 현장에서는 리뷰회의를 두려워하는 신입 사원이 많다. 신입 사원은 중요한 문제를 지적받아도 그 문제를 놓치면 어떤 애로사항이 생기는지 충분히 이해하지 못하고, 불충분한 이해는 지적내용의 망각으로 이어진다. 반면, 사소한 문제, 태도, 자세에 대한 지적만이 기억에 남는다. 그렇기 때문에 "이번에도 사소한 문제와 태도, 자세만 지적받았어"라고 부정적으로 받아들이는 경향이 있다. 이런 일이 계속되면 리뷰회의를 '트집을 잡아 비난하는 자리'라고 여길 수밖에 없다.

따라서 리더나 교육을 담당하는 리뷰어는 리뷰회의가 끝난 뒤에 신입 사원과 남아서 지적된 중요한 문제의 내용을 다시 설명한다. 그렇게 함으로써 중요한 문제를 지적받았다는 사실을 인지하는 동시에 지적받은 내용의 타당성을 납득하고, 결코 트집 잡아 비난한 것이 아니라는 사실을 이해할 수 있다. 리뷰회의를 비난의 장이 아닌 신입 사원의 발전의 자리로 만들자.

정리

- 리더는 모든 참가자가 지적된 문제를 이해할 수 있도록 리뷰어에게 이해를 도울 만한 질문을 한다. 한 개의 시나리오에 따라 문제를 지적했다면 다 함께 검출방법과 지적된 문제를 다시 살펴보고 유사한 문제가 없는지 확인한다.
- 리뷰어는 문제를 검출한 페이지를 명확하게 전달한다. 다른 리뷰어의 지적도 확실히 듣고 이해하여 관련된 중요한 문제를 발견할 수 있도록 한다.
- 문서 작성자는 문제 지적을 자신에 대한 비난으로 받아들이지 않는다. 리뷰어의 문제 지적에 대한 감사의 말을 전하는 것을 잊지 말고, 수정은 회의가 끝난 후에 진행하도록 한다.

유종의 미, 문제의 수정과 확인

중요한 문제를 지적해도 문서를 수정하지 않으면 소용없다. 문서 작성자에게만 맡기지 말고 리더와 리뷰어가 도와서 확실하게 수정하자.

리뷰회의에서 문서의 중요한 문제가 지적되었는데, 제대로 수정하지 않은 채 후속 프로세스로 넘어가 테스트나 발매 후에 장애가 발견되는 경우가 있다. IT 현장에서는 이런 일이 적지 않게 발생한다. 애써서 프로젝트의 주요 멤버가 시간을 할애하여 문제를 검출하고 지적했음에도 불구하고, 문서 수정이라는 마지막 단계를 제대로 하지 못하면 모든 수고가 물거품이 되고 만다. 리뷰회의가 끝났다고 마음을 놓아선 안 된다.

리뷰회의를 거친 문서를 제대로 수정하기 위해서는 수정작업을 담당자에게만 다 맡기지 말고, 리더와 리뷰어도 협조하여 확인해야 한다. 그렇지 않으면 리뷰에서 문제를 검출하고 지적한 의미가 없다. 리뷰에서 지적된 문제가 테스트에서 발견되지 않도록 마지막까지 긴장을 늦추지 말고, 수정에 누락이나 오류가 없는지 확인해야 한다.

이 장에서는 '문제 수정과 확인' 단계를 살펴본다. 여기에 한발 더 나아가 후속 프로세스로 넘어가기 전에 해야 할 '문제의 재발 방지' 단계도 설명한다. 3-1절에서 수정작업은 문서 작성자뿐 아니라 리뷰어가 맡을 때도 있다고 설명했지만, 여기서는 편의상 '작성자'로 나타낸다. 마찬가지로 올바로 수정했는지 확인하는 역할은 리더가 맡기도 하지만, 여기서는 '리뷰어'라고 표현한다.

문서의 수정과 확인

먼저, 문제의 수정·확인 과정부터 알아보자. 이 과정은 ① 문제 이해와 순서 결정 ② 수정과 자가 체크 ③ 리뷰어의 확인 ④ 리더의 최종 확인의 4단계로 진행된다(그림 3-13). 이 중 ①과 ②단계는 문서 작성자가 주도적으로 한다. ③은 리뷰어, ④는 리더가 맡는다.

그림 3-13 문제 수정과 확인의 4단계

① 문제 이해와 순서 결정

리뷰회의는 문제 지적을 중심으로 진행하기 때문에 모든 문제의 수정방법을 정하지는 않는다. 그런 만큼 리뷰회의가 끝난 후 문서 작성자는 문제일람표를 다시 보고 불확실한 점이 있는지 확인한다. 또한, 수정방법이 명확한지(수정방법이 다양할 때는 그중 어떤 방법을 선택할지) 확인한다.

이때에는 수정작업으로 인해 다른 문서 작성자의 담당 범위도 수정해야 한다거나 새로운 문제가 발생할 가능성은 없는지 함께 검토한다. 향후 확장성을 고려하면 수정안 A가 타당하지만 다른 작업자의 수정작업에 영향을 미치는 경우도 마찬가지이다.

이 작업은 리뷰회의가 끝난 후 기억이 남아있을 때 바로 시행한다. 수정 기한이 다 돼서 문제일람표를 확인하는 것은 문서 작성자 스스로 궁지에 빠지는 일이다(그림 3-14). 늦어질수록 '이제 와서 이런 질문을 하면 수정작업에 진척이 없었던 걸 알아버리겠지'라는 생각에 리더, 리뷰어, 다른 작성자에게 질문하기 곤란하기 때문이다. 꼭 질문이 필요한 상황임에도 작성자가 아무 질문도 하지 못해, 잘못된 추측으로 수정된 결과가 팀 전체에 폐를 끼치는 일이 종종 발생하기도 한다.

그림 3-14 늦은 수정으로 마감 기한에 쫓긴다

문제별로 수정방법을 생각하면서 효율적인 수정 순서도 검토해 보자. 예를 들어, '용어 통일'과 '불필요한 글의 삭제'라는 수정작업을 할 경우, 불필요한 글을 먼저 삭제하는 편이 효율적이다. 불필요한 글을 삭제하면 통일해야 하는 용어가 그만큼 줄어들기 때문이다.

② 수정과 자가 체크

이어서 작성자는 실제로 문서를 수정하여 문제를 없앤다. 이때도 작성자는 몰랐던 사실을 알아차리거나 새로운 의문이 생겨 리더나 리뷰어, 다른 작성자에게 질문을 해야 할 일이 종종 생긴다. 그렇기 때문에 수정작업도 가능한 한 빨리 시작하는 것이 중요하다.

문서를 수정할 때 변경된 부분을 표시하는 방법이 명시된 경우도 있다. 하지만 명시된 방법이 없는 경우 문서편집기나 워드프로세서 등의 변경 내용 표시 기능을 사용하거나 형상 관리 툴 혹은 변경 사항 추출 도구를 이용하자.

수정이 전부 끝나면 작성자는 자가 체크를 한다. 문서를 다시 보면서 생각대로 수정이 되었는지, 지적된 내용 중 수정되지 않은 부분이 있는지 확인한다. 하나의 지적에 수정한 부분이 많을 때는 수정 위치와 수정 내용을 설명한다. 그러면 ③ 리뷰어의 확인 단계가 좀 더 순조롭다. 여기까지 작업을 끝낸 후 리뷰어에게 확인을 요청한다.

③ 리뷰어의 확인

리뷰어는 문서 작성자에게 확인을 요청받으면 리뷰회의에서 지적된 내용대로 수정되었는지 확인한다. 확인 작업을 위해 작성자와 개별 미팅을 해도 좋고, 파일을 받기만 해도 된다. 수정된 부분을 효율적으로 확인하기 위해서는 문서편집기나 워드프로세서에 있는 파일 비교 기능이나 변경 사항 추출 도구를 사용한다. 변경 사항 추출 도구로 수정 전후의 차이를 뽑아서 제대로 수정되었는지 확인한다.

수정한 부분을 확인할 때 주의할 점이 두 가지 있다. 하나는 수정된 문서를 보기 전에 나라면 어떻게 수정했을 것인지 미리 생각해 두는 것이다. 이런 생각을 기반으로 차이가 있는 부분을 확인한다. 이렇게 함으로써 수정이 누락된 부분까지 포함하여 수정 내용을 체크할 수 있다.

다른 하나는 문서 작성자의 역할과 배경을 고려하여 수정내용을 확인하는 것이다. 그러면 새로 생긴 문제를 발견하기 쉽다. 새로 생긴 문제란, 예를 들어, 설계 프로세스 중간에 팀에 합류한 작성자가 이전의 프로세스를 알지 못해 일어나는 오류나 누락, 문서화되지 않은 도구 때문에 일어나는 오류나 누락 등이 있다.

변경 부분을 확인하고 수정이 충분하지 않거나 잘못된 경우는 필요에 따라 짧은 미팅을 갖고 보충 설명을 한다. 그 후 문서 작성자가 재수정을 하면 리뷰어는 한 번 더 확인한다. 그렇게 문서에 문제가 사라지면 리더에게 보고한다.

④ 리더의 최종 확인

최종 확인을 하는 사람은 리더이다. 그렇다고 모든 문제를 다시 체크하기에는 현실적으로 다소 무리가 있다. 수정 범위가 넓은 문제나 놓치면 수정 공수가 커지는 문제를 위주로 확인한다.

문서 작성자와 리뷰어가 지적된 문제를 중심으로 체크하므로 리더는 수정되지 않은 부분이 있는지, 잘못 수정된 부분이 있지는 않은지 확인한다. 그리고 다른 서브시스템이나 기능과의 정합성, 보안과 성능 같은 비기능적인 새로운 문제의 발생에 주의하며 재검토한다. 또한, 새로운 문제가 많이 발생할 때는 곧바로 수정하지 말고, 새로운 문제가 발생한 원인을 파악하여 필요한 경우 문서 작성자나 리뷰어와 의논한다.

마지막으로 리더는 리뷰 보고서를 작성한다. 보고서 항목은 문제 검출 수, 리뷰 대상 문서의 규모별 문제 검출 수, 리뷰회의 소요시간당 문제 검출 수 등이 있다. 각 항목을 기입할 때, 사소한 문제의 검출 수는 중요한 문제와 별도로 합계한다. 또, 현장에서 시나리오에 따른 문제 검출 방식이 정착되면 시나리오에 따른 문제 검출 수와 그 외의 문제 검출 수를 구별한다.

문제의 재발 방지

리뷰에서 지적된 문제를 전부 수정했다면 '문제 재발 방지' 단계를 거친다. 문제의 발생 원인과 재발 방지책을 검토하는 일은 구현이나 테스트 같은 후속 프로세스에도 도움이 된다. 문서의 최종 확인이 끝나면 리더가 주체가 되어 되도록 빨리 '재발 방지 회의'를 연다. 이 회의에는 리뷰어와 문서 작성자 모두 모이게 한다. 구체적인 단계는 ① 문제의 재확인과 분류 ② 문제의 발생 원인 분석 ③ 재발 방지책 검토의 3단계이다(그림 3-15).

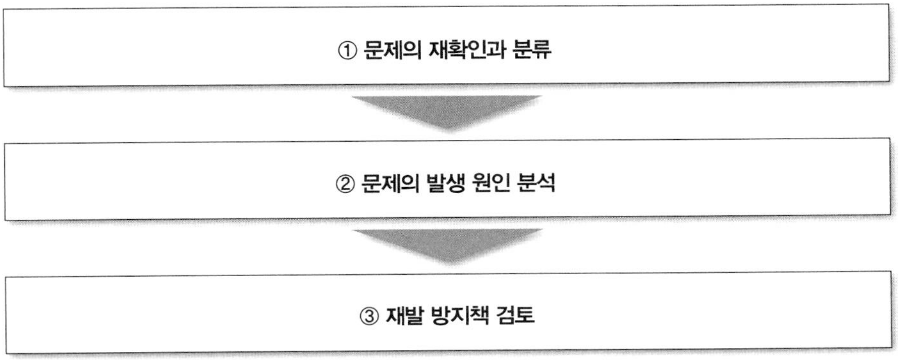

① 문제의 재확인과 분류

↓

② 문제의 발생 원인 분석

↓

③ 재발 방지책 검토

그림 3-15 문제 재발 방지를 위한 3단계

① 문제의 재확인과 분류

재발 방지 회의의 진행자는 리더가 맡는다. 리뷰회의의 기록 담당자가 정리한 문제일람표와 수정 전후의 문서는 반드시 준비하여 프로젝터에 띄우거나, 각 참가자의 PC에 파일로 준비하거나, 종이로 인쇄해서 나눠주어 다 같이 문서를 보면서 논의할 수 있도록 한다.

먼저, 문제의 카테고리를 분류한다. 추후 재발 방지책을 검토해야 하므로 공통적인 원인을 갖는 문제끼리 묶는다. 리더는 "유사한 문제를 카테고리별로 분류합니다"라고 선언하고, "찾아낸 카테고리를 말해 주십시오"라고 문제의 분류를 촉구한다. 카테고리란, 예를 들어 '실행 시점의 부정합', '카운트 방법의 오류', '플래그 할당의 오류', '인터페이스 정의의 오류' 등을 생각할 수 있다(그림 3-16).

사소한 문제, 간단한
리뷰에서 검출될 만한
문제는 제외하고
카테고리를 나눠주십시오.

진행자(리더)

- **문제 카테고리**
  - 실행 시점의 부정합
  - 카운트 방법 오류
  - 플래그 할당 오류
  - 인터페이스 정의 오류

- **간단한 리뷰에서 검출했을 문제**
  - 기능설계의 기술별 상세함이 제각각임
  - 화면설계의 기술 항목이 통일되지 않음

리뷰어와 작성자

그림 3-16 문제의 카테고리 분류 예

카테고리를 분류할 때, 간단한 리뷰(프로젝트 과정 중간에 실시하는 워크스루)에서 검출될 만한 문제는 별도의 카테고리로 만든다. 이 카테고리 역시 재발 방지책을 따로 생각하기 위해서이다. 오탈자처럼 사소한 문제는 제외한다.

② 문제 발생 원인 분석

분류를 끝내면 카테고리별로 문제의 발생 원인을 분석한다. 리더는 "실행 시점의 부정합 문제는 왜 발생했을까요? 의견을 주십시오"라고 말해 카테고리별로 문제가 발생한 원인에 대한 의견을 이끌어낸다.

리뷰어와 문서 작성자는 생각이 떠오르는 대로 짐작 가는 발생 원인을 이야기한다. 원인을 이야기할 때는 나중에 재발 방지책을 생각해야 된다는 것을 염두에 둔다. '품질에 대한 애착이 부족했기 때문이다, 사양이 결정되지 않았기 때문이다, 애초에 인원이 너무 부족했다' 등의 재발 방지책을 논할 수 없는 원인은 아무리 거론해도 소용이 없다.

또, '평소에 팀 내의 커뮤니케이션이 부족하다'는 막연한 원인도 재발 방지책을 세우기 어렵다. 그런 원인이 거론되면 리더는 "평소의 커뮤니케이션에 대해서는 저도 문제라고 생각합니다. 구체적으로 어떤 정보를 공유하면 좋겠습니까?"라는 식으로 더 구체적인 의견을 이끌어낸다.

"A씨가 B씨에게 실행 시점을 제대로 확인하지 않았기 때문입니다"처럼 특정 작성자에 관한 원인을 든 경우는 다른 작성자도 같은 문제를 일으킬 가능성이 있었는지 확인한다. 그렇게 팀 전체에 공통된 원인을 찾아나간다.

예를 들면 '참고 문서를 기재하는 데 불충분했다', '해석이 잘못됐다', '시스템 경계가 애매하여 문서 작성자 간의 생각이 일치하지 않았다', '요구사양에 모순이 있었다', '이전 버전에 대한 이해가 부족했다', '에러 처리를 잘못 생각했다' 등 참가자 모두가 구체적인 원인을 찾는 것에 중점을 둔다.

③ 재발 방지책 검토

원인 분석이 끝나면, 후속 프로세스로 넘어가기 전에 실시하는 재발 방지책을 검토한다. 먼저, ① 문제의 재확인과 분류에서 분류해 둔 간단한 리뷰에서 검출될 만한 문제에 대한 재발 방지책을 검토한다. 구체적으로, 간단한 리뷰에서 문제 검출에 도움이 될 만한 실마리를 찾는다. 예를 들면, '기술항목 통일', '기술내용의 상세도 조정' 등과 같은 것이다.

이어 ② 문제의 발생 원인 분석에서 거론한 각각의 원인에 대해 재발 방지책을 검토한다. 리더는 "실행 시점을 담당자들이 명확하게 공유하기 위해서는 어떤 방법이 있을까요?"라고 재발 방지책에 대한 의견을 모은다.

재발 방지책을 생각할 때는 설계, 구현, 테스트 등의 후속 프로세스에서 동일한 문제의 발생, 검출 누락을 방지하는 데 중점을 두도록 한다. 예를 들어, 기본 설계 문서를 리뷰했을 때, 문서 작성자 사이에서 시스템 경계에 관한 인식이 다를 경우에는 상세 설계 중간에 의견 조정을 위한 모임을 연다.

이밖에도 '알기 어렵게 쓴 참고 문서를 고쳐 쓴다', '이전 버전에 대해 담당자에게 상세하게 질문하는 Q&A 시간을 갖는다', '에러 처리에 대한 의견을 통일하고 문서화한다' 등 구체적으로 실행할 수 있는 재발 방지책을 생각한다.

정리

- 작성자의 문서 수정 후에는 작성자의 자가 체크, 리뷰어 확인, 리더의 최종 확인을 거친다.
- 수정한 부분을 효율적으로 확인하기 위해 문서편집기나 워드프로세서에서 제공하는 파일 비교 기능이나 변경 사항 추출 도구를 이용한다.
- 문서의 최종 확인이 끝나면 가능한 한 빨리 '재발 방지 회의'를 연다. 리더, 리뷰어, 작성자가 모여 문제 발생의 원인과 재발 방지책을 검토한다.

만능은 없다
세 가지 리뷰기법을 상황에 따라 적용하자

요구사항 명세서나 설계문서를 리뷰하는 데 알아두어야 할 세 가지 기법이 있다. 여기서 그 기법을 소개하고 사용방법을 알아보도록 한다.

요구사항 명세서, 사양서, 설계문서의 품질을 향상시키는 데 유용한 문서 리뷰 기법은 크게 '관리자Management 리뷰', '감사Audit 리뷰', '피어Peer 리뷰'로 분류할 수 있다 (그림 3–17의 대분류). 이 중 관리자 리뷰는 경영층이나 관리직이 프로젝트 현황을 파악하거나 승인하기 위해 실시하는 리뷰이며, 감사 리뷰는 법령이나 국제표준규격, 사내 규칙, 개발표준에 따르고 있는가를 조사하는 리뷰를 말한다.

마지막 피어 리뷰는 IT 엔지니어에게 가장 중요한 리뷰로, 동료끼리peer 실시하는 리뷰를 말한다. 리뷰어나 문서 작성자가 모두 동료일 필요는 없지만, 대등한 관계에서의 리뷰를 전제로 하고 있다. 앞서 언급한 워크스루, 테크니컬 리뷰는 피어 리뷰로 분류되는 기법이다(그림 3–17의 소분류). 피어 리뷰의 기법으로는 이밖에도 인스펙션inspection이라 불리는 것이 있다.

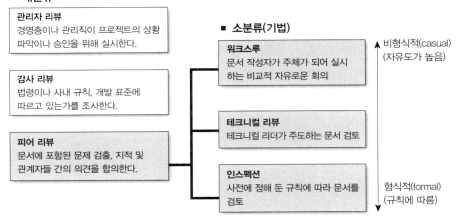

그림 3-17 리뷰 기법의 분류
리뷰라고 한 단어로 표현하지만 리뷰에는 다양한 기법이 있으며, IT 현장에서 일반적으로 진행하는 리뷰는 '피어 리뷰'로 분류된다. 여기서는 워크스루, 테크니컬 리뷰, 인스펙션이라는 세 가지 기법을 다룬다.

피어 리뷰에 포함되는 이 세 가지 기법은 시스템 개발에 종사하는 IT 엔지니어가 꼭 알아두어야 할 중요한 기법이다. 각각 목적이나 진행방법이 다르기 때문에 현장에서 때에 맞게 사용한다면 리뷰 효과를 더욱 높일 수 있다. 다시 이야기하자면, 이러한 리뷰 기법들이 만능은 아니며 하나의 리뷰 기법을 모든 상황에 적용하는 것은 결코 좋지 않다. 목적과 상황에 따라 알맞은 리뷰 기법을 적용하도록 하자.

이 절에서는 피어 리뷰의 세 가지 리뷰 기법에 대해 각각의 내용과 사용 방법을 소개한다. 각각의 특징을 알기 쉽도록 워크스루, 인스펙션, 테크니컬 리뷰 순으로 설명한다. 이 세 가지 기법의 정의는 국제표준규격인 〈IEEE 1028 Software Reviews and Audits〉를 바탕으로 하고 있다.

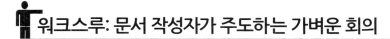

워크스루: 문서 작성자가 주도하는 가벼운 회의

먼저, 워크스루에 대해 살펴보자(그림 3-18). 워크스루walk through는 문제 검출뿐 아니라 대안 검토나 멤버(문서 작성자)의 능력 향상과 같은 폭넓은 목적을 위해 실시하며, 형식에 구애받지 않는 가벼운 리뷰 기법이다.

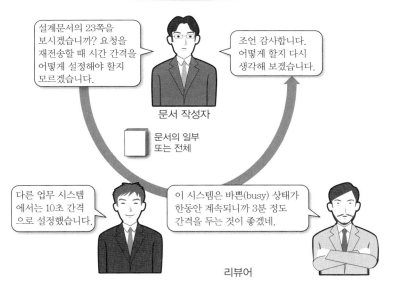

그림 3-18 **워크스루 개요**

작성자가 질문하고 리뷰어가 답한다

워크스루 회의에서는 문서 작성자가 주도권을 갖고 있다. 리뷰 범위는 문서 전체나 일부라도 상관없다. 문서 작성자가 신경 쓰이는 부분에 대해서 "요청을 재전송하는 시간 간격을 어떻게 설정해야 하는지 모르겠습니다"라는 식으로 물어보고, 그에 리뷰어가 대답하는 형식으로 진행한다. 그 과정 중에 문서 작성자의 질문과는 관계없이 리뷰어가 발견한 문제를 지적하기도 한다.

리뷰어가 해주는 조언이나 문제 지적을 받아들일지는 문서 작성자가 리뷰어와 의논하여 결정한다. 리뷰어가 일방적으로 어떻게 해야 할지 지시하는 것은 아니다. 문서 작성자에게 유리한 리뷰 기법이라는 것이 특징이다.

팀 내의 의견 합의에도 이용할 수 있다

워크스루 회의를 열 때는 리뷰할 문서를 미리 다 갖춰둘 필요는 없다. 따라서 각 프로세스의 초반에라도 실시할 수 있다. 데이터 정의나 에러 코드 등에 대한 팀 내의 착오나 불필요한 걱정을 빠른 단계에서 밝혀내어 팀원 모두 의견을 일치시키는 목적에도 사용할 수 있다.

워크스루 회의를 여는 타이밍은 사전에 결정해 두는 것이 일반적이지만, 문서 작성자가 필요하다고 생각했을 때 아무 때나 관계자를 모아 열어도 괜찮다. 또한, 리뷰어가 반드시 리뷰할 문서를 훑어볼 필요는 없다. 다만, 리뷰어가 문서 작성자의 질문에 대답할 시간적, 정신적 여유가 없다면 좋은 결과를 얻기 어렵다.

또, 워크스루 회의는 길어지기 쉬우므로 주의해야 한다. 문서 작성자의 질문에 쉽게 결론이 날 것 같지 않다면 어느 정도 시간이 됐을 때 워크스루 회의를 중단한다. 끝없는 회의에 리뷰어를 언제까지 붙들고 있어선 안 된다.

인스펙션: 규칙에 따라 엄격하게 체크

가벼운 워크스루와 대조적인 리뷰가 인스펙션이다(그림 3-19). 인스펙션Inspection은 규칙에 따라 진행하는 것이 특징이다. 즉, 형식을 중시한다. 예를 들어, 이용하는 체크리스트, 문제 검출의 리뷰 관점, 인스펙션의 완료 기준, 인스펙션 재실시 조건, 수집하는 지표(문제 검출 수나 문제 검출 밀도), 검출된 문제를 수정할지에 대한 판단 기준 등의 규칙이 있다. 이런 규칙을 미리 정의하여 모든 참가자가 습득할 필요가 있다.

이처럼 규칙에 근거하여 문제를 검출하는 인스펙션은 포괄적으로 문제를 검출하는 데 크게 효과적이다. 이 때문에 인스펙션의 결과로 시스템의 품질을 측정하기도 한다.

주요 목적 : 문제 검출, 시스템 품질의 측정

규칙에 따른 엄격한 체크

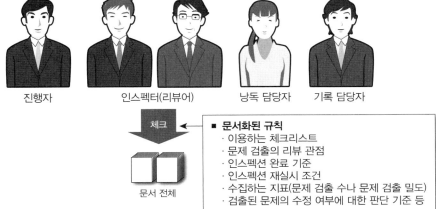

| 진행자 | 인스펙터(리뷰어) | 낭독 담당자 | 기록 담당자 |

체크 ← ■ **문서화된 규칙**
· 이용하는 체크리스트
· 문제 검출의 리뷰 관점
· 인스펙션 완료 기준
· 인스펙션 재실시 조건
· 수집하는 지표(문제 검출 수나 문제 검출 밀도)
· 검출된 문제의 수정 여부에 대한 판단 기준 등

문서 전체

그림 3-19 인스펙션 개요

참가자의 역할도 세심하게 결정한다. 진행자와 리뷰어(인스펙터)뿐만 아니라, 기록 담당자, 낭독 담당자 등의 역할도 명확하게 분담한다. 인스펙터가 된 참가자는 사전에 지정된 리뷰 관점을 바탕으로 문서를 (동료) 평가하여 문제 검출을 끝내 두어야 한다. 그러기 위해서는 당연히 리뷰할 문서가 모두 준비되어 있어야 한다. 문서에서 참조하고 있는 다른 문서도 필요에 따라 준비해 놓는다.

인스펙터는 프로그래머, 테스트 엔지니어, 사용자 등의 역할을 맡는다. 예를 들어, 테스트 엔지니어의 역할을 맡으면 '어떤 테스트를 해야 문서에 쓰여 있는 내용을 실현했다고 말할 수 있는가?' 등을 체크한다. 프로그래머의 역할이라면 '구현하기 위해 필요한 정보가 기재되어 있는가?', 사용자 역할이라면 '사용상의 문제는 없는가?'를 체크하는 식이다. 여기까지가 인스펙션 회의의 준비 과정이다.

인스펙션 회의는 진행자가 주도한다. 진행자의 기술에 따라 인스펙션의 효과가 크게 좌우되기 때문에 어떤 사람을 뽑는지가 중요하다. 기본적으로는 진행자 교육을 받은 적이 있는 IT 엔지니어를 임명한다. 인사 평가와 인스펙션의 내용을 연관시키지 않기 위해 인사 평가자는 참가를 삼가도록 권한다.

현장의 좋은 습관을 규칙화하는 것부터 시작한다

여기까지 설명으로 알았으리라 생각되지만, 인스펙션은 준비 과정이 힘들다. 특히, 규칙을 정의하는 일, 인스펙터 개개인에게 동료 평가받는 일이 큰 걸림돌이 된다. 여기서 이를 극복하는 노하우를 소개한다.

먼저, 규칙을 정의하려면 현장의 좋은 습관을 문서화하는 일부터 시작하자. 예를 들어, 많은 IT 현장에서 전문가는 사용자(또는 고객)를 고려한 문제를, 중견급 경력자는 예외 처리나 오류 문제를, 신참들은 사소한 문제를 검출하려는 경향이 있다. 이런 역할 분담을 규칙화하면 된다. 그것만으로도 인스펙터의 할 일이 명확해지고, 맡은 문제를 검출하는 데 집중할 수 있게 된다. 그런 다음, 인스펙션을 실시할 때나 프로젝트가 완료됐을 때 재검토 미팅을 열어, 다음 개선을 위한 규칙을 덧붙여 나간다.

테크니컬 리뷰: 테크니컬 리더의 주도적인 체크

테크니컬 리뷰는 일반적으로 '리뷰'라고 부르는 전통적인 기법이다. 이 책에서는 테크니컬 리뷰를 전제로 문제 검출이나 지적 방법을 소개해 왔다. 테크니컬 리뷰의 주요 목적은 문서의 문제 검출이다. 다른 문서나 프로젝트 계획과의 정합성을 검증하는 것도 목적에 포함된다. 대부분 문서 전체를 리뷰하지만, 반드시 전체를 리뷰할 필요는 없다.

진행 경험이 풍부한 엔지니어를 선택한다

테크니컬 리뷰에서도 인스펙션과 마찬가지로 각 리뷰어가 사전에 충분히 문서의 문제를 검출한 후에 회의에 임하기를 권한다. 인스펙션과 다른 점은 사전에 규칙을 정해 두거나 정한 규칙을 엄밀하게 지킬 필요는 없다는 점이다. 단 규칙을 도입함에 따라 테크니컬 리뷰의 효율과 효과를 높일 수 있다.

테크니컬 리뷰의 규칙은 '문제 검출의 시나리오(문제 유형)를 결정한다', '체크리스트를 작성한다' 등으로 정할 수 있다. 특히, 유사 시스템이나 프로젝트에서 규칙을 정비해 놓으면 인스펙션과 마찬가지로 테크니컬 리뷰의 효과와 효율을 예측할 수 있다.

테크니컬 리뷰회의를 주도하는 사람은 진행을 맡는 기술technology 리더이다(그림 3-20). 각 리뷰어가 지적한 문제에 대해 실제로 문서를 수정할지는 진행자인 테크니컬 리더가 리뷰어의 의견을 들은 뒤에 결정한다. 진행자의 능력이 테크니컬 리뷰의 성과에 큰 영향을 미치기 때문에 되도록 진행자로서 경험이 풍부한 IT 엔지니어를 선택하는 것이 중요하다. 어쩔 수 없이 진행 경험이 부족한 엔지니어가 진행을 맡았다면 보조 진행자를 두는 등 대안을 세운다.

그림 3-20 테크니컬 리뷰 개요

리뷰어의 논쟁을 중재한다

테크니컬 리뷰는 인스펙션에 비해 진행이 자유로운 반면 이로 인해 실수를 하기도 한다. 테크니컬 리뷰회의의 잘못된 진행방법에 대해서는 1–3절에서 다루었다. 여기서는 간단히 복습해 보자.

가장 큰 잘못은 진행자가 리뷰어의 논쟁에 끌려가는 것이다. 이것은 다양한 문제의 원인이 된다. 예를 들어, 리뷰어와 문서 작성자 사이에 또는 리뷰어끼리 의견이 대립하면, 폭언이 오가며 점차 감정적인 논쟁이 되는 경향이 있다. 또한, 베테랑 리뷰어끼리 소싯적 이야기로 이야기꽃을 피우는 등 주제가 벗어나는 일도 자주 발생한다. 감정적인 대립이나 주제를 벗어난 이야기가 나오면, 진행자는 그대로 방치하지 말고 즉시 주의를 주어 회의에 집중시켜야 한다.

문서의 앞부분에서 문제 지적이 잇따르거나 리뷰어끼리의 논의가 필요 이상으로 고조되면 문서의 뒷부분에서 시간이 부족해진다. 이것도 잘못된 진행으로 흔히 발생하는 일이다. 문서의 첫머리부터 차례로 문제를 지적할 경우에도 시간 분배를 고려해야 한다.

테크니컬 리뷰의 성과를 검출한 문제 수로 관리하여 그 건수가 기준치를 넘은 시점에서 회의를 끝내는 것도 잘못된 회의 진행이다. 검출한 문제 건수와 테크니컬 리뷰의 성과가 반드시 연결되지는 않는다. 수정 공수가 큰 문제를 남겨놓진 않았는지 확인해야 한다.

리뷰 기법을 조합하여 적용한다

여기서 소개한 세 가지 리뷰 기법을 선택하는 방법은 다음과 같다. 서로 긴밀하게 상의하면서 개발을 진행하는 문화가 있는 팀이나 이제까지 개발 실적이 없는 분야의 시스템 개발에서는 워크스루가 효과적이다. 반대로 서로 견제함으로써 성장하는 문화가 있는 팀이나 이제까지 개발 실적이 풍부한 분야의 시스템 개발에서는 인스펙션이 적합하다. 테크니컬 리뷰는 그 중간에 위치한다. 또한, 워크스루, 인스펙션, 테크니컬 리뷰 중 어느 하나만 선택하기보다 여러 개를 조합하여 이용하는 것이 효과적이다.

필자가 IT 벤더에서 근무하던 시절에는 서로 속속들이 아는 멤버로 개발하는 경우가 많아 설계 프로세스 초반에 워크스루를 몇 번 실시하고, 설계 프로세스 후반에 테크니컬 리뷰를 한 번 실시하는 방법을 사용했었다. 여러분도 각 팀에 알맞은 기법을 선택하여 여러 조합을 시험해 보기 바란다.

정리

● 워크스루는 형식에 얽매이지 않는 가벼운 리뷰 기법이다. 문서 작성자가 주도하여 리뷰어에게 질문하는 형식으로 진행한다.
● 인스펙션의 특징은 철저히 규칙에 따라 진행한다는 점이다. 문서에서 포괄적으로 문제를 검출하는 데 큰 효과를 얻을 수 있다.
● 리뷰 기법은 어느 하나만 선택하기보다 상황에 맞게 조합하여 이용하면 효과적이다.

4장

리뷰 효과 끌어올리기

리뷰를 개선하는
프로젝트 다시보기

프로젝트가 끝나면 리뷰를 다시 되돌아보자. 리더와 리뷰어가 함께 리뷰 방법을 개선하여 리뷰의 효과를 향상시키거나 리뷰 과정을 더욱 매끄럽게 할 수 있다.

프로젝트가 완료되었을 때, 프로젝트 다시보기를 진행하는 현장이 늘어나고 있다. 리더와 주요 리뷰어가 리뷰 다시보기도 진행한다. 다시보기의 주요 목적은 향후 유사한 프로젝트를 위해 리뷰 방법을 개선하는 것이다. 체크할 부분과 판단 방법 등의 문제 검출방법을 표시한 시나리오를 바탕으로 개선한다. 또한, 문제 발생을 방지하는 것도 목적에 포함된다. 문제 발생 방지는 앞서 다룬 '문제 재발 방지' 결과에 덧붙여 생각한다.

리뷰 개선은 ① 후반 프로세스에서 발견한 결함 파악하기 ② 리뷰 문서 작성 시 문제발생 예방방법 검토 ③ 시나리오 재검토 및 새 시나리오 작성 ④ 시나리오 제거 ⑤ 마인드 재검토까지 5단계로 구성된다(그림 4-1). 모든 단계는 리더와 주요 리뷰어가 함께 진행한다.

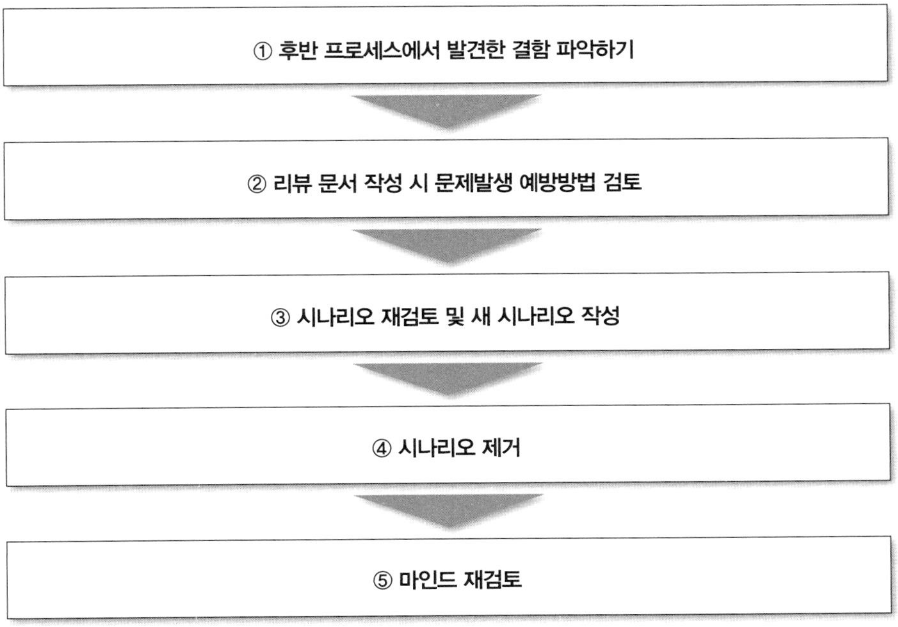

```
┌─────────────────────────────────────────────────────────┐
│          ① 후반 프로세스에서 발견한 결함 파악하기          │
└─────────────────────────────────────────────────────────┘
                            ▼
┌─────────────────────────────────────────────────────────┐
│         ② 리뷰 문서 작성 시 문제발생 예방방법 검토         │
└─────────────────────────────────────────────────────────┘
                            ▼
┌─────────────────────────────────────────────────────────┐
│            ③ 시나리오 재검토 및 새 시나리오 작성           │
└─────────────────────────────────────────────────────────┘
                            ▼
┌─────────────────────────────────────────────────────────┐
│                      ④ 시나리오 제거                      │
└─────────────────────────────────────────────────────────┘
                            ▼
┌─────────────────────────────────────────────────────────┐
│                      ⑤ 마인드 재검토                      │
└─────────────────────────────────────────────────────────┘
```

그림 4-1 리뷰 개선 5단계

① 후반 프로세스에서 발견한 결함 파악하기

테스트 프로세스에서 검출된 결함, 시스템 가동 후에 발견한 결함의 정보를 토대로 애초에 리뷰에서 검출할 수 있었던 문제를 밝혀내어 '놓친 문제 목록'을 작성한다. 예를 들면, '특정 유스 케이스Use Case나 업무 흐름workflow의 누락', '시스템 구성과 사양의 부정합', '리소스 경합에 대한 검토 누락' 등과 같다.

사전에 장애 발생 보고(버그 리포트)에 '문제 발생 단계'와 같은 항목을 마련하면, 요구사항이나 설계 프로세스에서 발생한 문제 중 리뷰에서 검출됐어야 할 문제를 찾아내기 쉽다.

다음으로는 놓친 문제 목록에서 수정 공수가 큰 문제, 사용자에게 심각한 악영향을 미칠 가능성이 높은 문제를 골라낸다. 이후 단계에서는 '놓친 문제'와 리뷰에서 발견한 중요한 '검출 문제' 모두를 다룬다.

② 리뷰 문서 작성 시 문제발생 예방방법 검토

놓친 문제와 검출 문제 각각에 대해 문서를 작성할 때, 문제가 발생하지 않도록 예방방법을 검토한다. 대표적인 예방방법은 문서 템플릿template을 검토해 보는 것이다. 예를 들어, 템플릿에서 서버의 상태 변경 조건에 대한 설명 없이 '정상 가동 중', '문제 발생', '환경설정 중', '인스톨 중', '동작 확인 중'처럼 문장으로 나열되어 있다면, 팀 공통의 표를 작성하고 설명을 추가한다.

이외에도 참고할 견본을 제공하면 좀 더 자세한 설명이 가능하며, 항목 누락을 방지할 수 있다. 또 통일되지 않은 용어나 애매한 단어로 오해가 생겨 문제가 발생했을 경우, 문장 교정 툴이나 오피스 프로그램의 문장 교정기능을 활용해 보는 것도 좋다. 예를 들어, '즉시', '적절한', '처리'와 같은 문제를 일으키기 쉬운 애매한 단어를 등록해서 빨간 문자로 강조 표시를 해놓을 수 있다. 이를 통해 문서 작성자는 손쉽게 자가 체크를 할 수 있다.

③ 시나리오 재검토 및 새 시나리오 작성

이어서 시나리오를 기초로 리뷰 방식을 재점검한다. ① 후반 프로세스에서 발견한 결함 파악하기에서 뽑아낸 중요한 문제에 대해 프로젝트의 기존 시나리오에 따라 신중하게 검토하면 검출되었을 문제인지, 해당 시나리오로는 애초에 문제 검출이 어려웠던 건 아닌지 판단한다.

기존의 시나리오로 검출이 어려웠을 경우에는 기존 시나리오를 재검토하거나 새로운 시나리오를 만든다. 단, 별도의 시나리오를 만들 때는 신중해야 한다. 시나리오를 추가하는 것은 그만큼 향후 프로젝트에서 리뷰의 부담이 늘어나기 때문이다. 따라서 기존 시나리오부터 먼저 재검토한다.

한편, 기존 시나리오에 따라 신중하게 검토하였다면 검출되었을 문제의 경우에도 기존 시나리오를 재검토한다. 이 경우에는 '유사 프로젝트나 문제의 경험과 지식이 부족한 리뷰어라도 문제를 검출할 수 있었는가?'라는 기준으로 기존의 시나리오를 면밀히 살펴본다. 예를 들어, 기존 시나리오가 다음과 같은 내용이라고 해보자.

사용자 입장에서 제약이 되는 값을 열거하고, 경계값이 명확한지 확인한다.

이 시나리오에서 '제약이 되는 값'과 '경계 값'이 무엇인지 리뷰어가 충분한 지식을 가지고 있지 않다면 문제를 검출할 수 없다. 또, 문서의 어디를 체크해야 하는지도 명시되어 있지 않다. 이런 경우 참고 정보를 추가하거나, 판단방법을 자세히 나타내거나, 검토할 부분을 명시해서 유사 안건에 대한 경험이 부족한 리뷰어라도 문제를 검출할 수 있도록 한다.

④ 시나리오 제거

앞서 기술한 것처럼 시나리오의 수는 리뷰의 부하와 직결된다. 향후 유사 프로젝트에서 리뷰 부담이 줄도록 불필요한 시나리오를 줄여보자. 리뷰에서 문제 검출을 놓치더라도 수정 공수가 크지 않거나 사용자에게 치명적이지 않은 시나리오를 찾아, 다른 유사한 프로젝트에 적용할지를 검토한다. 그때, 이번 리뷰에서 문제가 검출되었는지 여부를 시나리오를 남길지에 대한 판단기준으로 삼지 않도록 한다. 설령 이번에 문제가 검출되지 않은 시나리오더라도 포괄적으로 중요한 문제를 검출하는 데 필요하다면 남긴다.

제거하지 않은 시나리오에 대해서도 검토할 범위와 판단방법의 삭제 여부를 검토해 본다. 우선, 시나리오에 기술된 검토 범위와 판단방법 중 문제 검출로 이어지지 않은 것을 가려낸다. 이때에도 중요한 문제를 검출하는 데 필요한 검토 범위와 판단방법은 남겨둔다.

또, 리뷰어 여럿이 담당한 시나리오에 대해 리뷰어 한 명이 담당할 수 있는지 검토한다. 리뷰어 여럿이 담당하더라도 특정 분야의 전문성이나 기술을 가진 리뷰어 한 사람이 문제를 거의 다 검출하기도 한다. 그렇다면 다른 리뷰어에게 그 시나리오를 분담시키지 않도록 한다.

⑤ 마인드 재검토

마지막으로 리더를 중심으로 리뷰 마인드를 재검토한다. 먼저, 각 리뷰어가 제출한 문제기록표에서 특정 문서 작성자의 담당 부분에 대한 문제 지적이 부당하게 많지는 않은지, 문제에 대한 설명이 어렵지 않은지 체크한다. 나아가 리뷰회의에서 필요 이상으로 엄격한 지적 방법이 없었는지, 팀이 서로 도와 문제를 검출하고 수정해야 하는 자세에 반하는 태도가 없었는지 되돌아본다.

1-3절과 1-4절에서 든 문제 지적의 안티패턴이 참고가 될 것이다. 추가로 예를 들면, 리뷰어가 "처리 가능한 요청의 한계치는 큐의 한계를 의미합니까, 프로세스마다의 한계를 의미합니까?"라고 질문하고, 문서 작성자가 "큐의 한계를 의미하고 있습니다"라고 대답하자 리뷰어가 입을 다무는 상황도 해당된다. 리뷰회의는 문제를 검출하는 자리이지 단순히 질문을 하는 자리가 아니다. 따라서 리뷰어는 "큐의 한계를 의미하고 있다면, A라는 질문이 있습니다. 프로세스마다의 한계라

면 문제가 없겠지만 B라는 주석을 달아주는 것이 오해가 없을 것 같습니다"라는 식으로 질문보다 좀 더 날카로운 지적을 할 필요가 있다.

문제기록표와 리뷰회의의 발언을 기초로 개선해야 할 항목을 만들었다면, 리뷰 관계자를 모아 되짚어 본다. 프로젝트 다시보기나 재검토 회의를 실시하여 15~30분 정도 리더가 찾아낸 점을 전달한다. 전달할 때는 당사자의 이름이나 문서의 해당 부분을 강조하지 말고 일반론으로 이야기한다. 그렇게 하지 않으면 리뷰어나 작성자의 변명을 늘어놓는 자리가 되고 만다.

리뷰를 개선하는 작업은 다른 유사한 프로젝트에서 리뷰 효과를 향상시킨다. 시나리오에 따라 리뷰를 하고 있지 않은 현장에도 적용할 수 있는 부분이 많으니 도입해 보길 바란다.

정리

- 프로젝트가 끝났을 때, 리더와 주요 리뷰어가 모여 리뷰를 되짚어 본다.
- '놓친 문제' 리스트를 작성하여 수정 공수가 컸던 문제, 심각한 악영향을 끼칠 가능성이 높은 문제를 골라낸다. 문제발생의 예방방법을 검토하여 시나리오를 재검토하거나 새로 작성한다.
- 제거해도 상관없는 시나리오를 찾아내고, 남은 시나리오에서도 검토 범위와 판단방법을 삭제할지 검토한다.
- 팀에서 서로 도와 문제를 검출하고 수정해가는 자세에 반하는 태도가 없었는지 되짚어 본다.

개발 방법에 따른 리뷰 적용하기

<u>개발 방법은 유지보수 개발, 반복 개발, 애자일 개발, 패키지나 클라우드를 이용한 개발 등 다양하다. 어떤 개발 방법을 적용하더라도 리뷰는 저마다의 가치가 있다. 여기서는 개발 방법별로 리뷰를 적용하고, 특히 주의해야 할 문제 유형을 알아본다.</u>

리뷰를 연구하다 보면, 유지보수 개발이나 패키지 개발 같은 개발 방법별로 순서가 다르거나 주의해야 할 점이 있다. 여기서는 '유지보수 개발', '반복 개발', '애자일 개발', '패키지・클라우드 개발', '대규모 개발' 방법의 리뷰 순서와 주의할 점을 살펴본다. 살펴보기에 앞서 제2장과 제3장에서 다뤘던 범용적인 리뷰의 전체 흐름을 간단히 복습해 보자.

리뷰의 전체 순서는 ① 리뷰 준비 ② 문제 검출 ③ 문제 지적(리뷰회의) ④ 수정 및 확인의 4단계로 구성된다(그림 4-2). ① 리뷰 준비에서는 리더가 어떤 유형의 문제를 문서에서 검출해야 하는지 생각해 본다. 나아가 각 문제 유형에 대해 문서에서 검토할 범위와 검토 방법을 시나리오로 준비하고 각 리뷰어에게 분배한다. 이어서 ② 문제 검출에서 리뷰어가 분배받은 시나리오에 따라 중요한 문제를 검출한다. 이 작업이 끝나면 ③ 문제 지적에서 리더가 모든 리뷰어와 문서 작성자를 모아 리뷰

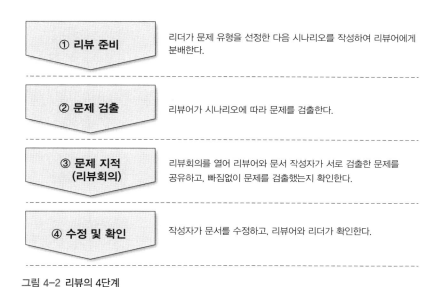

① 리뷰 준비	리더가 문제 유형을 선정한 다음 시나리오를 작성하여 리뷰어에게 분배한다.
② 문제 검출	리뷰어가 시나리오에 따라 문제를 검출한다.
③ 문제 지적 (리뷰회의)	리뷰회의를 열어 리뷰어와 문서 작성자가 서로 검출한 문제를 공유하고, 빠짐없이 문제를 검출했는지 확인한다.
④ 수정 및 확인	작성자가 문서를 수정하고, 리뷰어와 리더가 확인한다.

그림 4-2 리뷰의 4단계

회의를 연다. 참가자들이 검출한 문제를 서로 공유하고, 시나리오에 따라 빠짐없이 문제를 검출했는지 확인한다. 마지막으로 ④ 수정 및 확인에서는 지적된 문제를 중심으로 작성자가 문서를 수정하고, 리뷰어와 리더가 확인한다. 또, 리더가 중심이 되어 재발 방지책을 세우고, 리뷰의 방식을 개선하기도 한다.

이를 토대로 다섯 가지 개발 타입별로 어떻게 순서가 다른지, 어떤 문제 유형을 생각해야 할지, 주의할 점은 무엇인지 살펴보자.

유지보수 개발

유지보수 개발 리뷰의 특징은 구 버전의 개발 정보를 참고 자료로 쓸 수 있다는 점이다. 또 '변경 및 추가 부분'과 '그 외의 부분'의 정합, '변경 및 추가 부분'과 '구 버전의 해당 부분'의 정합이 리뷰에서 검출해야 할 중요한 문제 유형이 된다. 여기에서는 유지보수 개발의 리뷰를 4단계로 나누어 주의할 점을 설명한다.

① 리뷰 준비

리뷰 준비에서 문제 유형을 결정할 때, 유지보수 개발에서는 구 버전의 개발 정보를 참고 자료로 삼는다. 즉, 리뷰에서 지적된 중요한 문제, 테스트에서 검출한 장애 등이 참고 자료로 쓰인다. 리더는 이러한 정보를 바탕으로 이번 유지보수 개발에서도 일어날 것 같은 문제나 장애를 골라낸다.

유지보수 개발에서 문제 유형을 선정할 때 주의할 점이 한 가지 있다. 변경 및 추가 부분과 기존 부분 사이에서 일어날 문제 유형을 생각하는 것이다. 그 방법을 알기 쉽게 설명하기 위해, 통신판매 사이트 시스템의 주소 입력기능의 업데이트를 예로 들겠다(그림 4-3).

먼저, 유지보수 개발에서 추가하는 기능을 정리한다. 여기서는 우편번호를 바탕으로 상세주소 입력기능, 우편번호의 유무를 체크하는 기능을 추가하는 것으로 가정한다. 이 새 기능에는 우편번호 DB가 필요하다. 이와 관련하여 구 버전은 어떻게 되어 있는지 알아본다. 구 버전에서는 우편번호의 자릿수만 체크하면 되고, 상세주소 입력기능과 우편번호 유무 체크기능은 없었다.

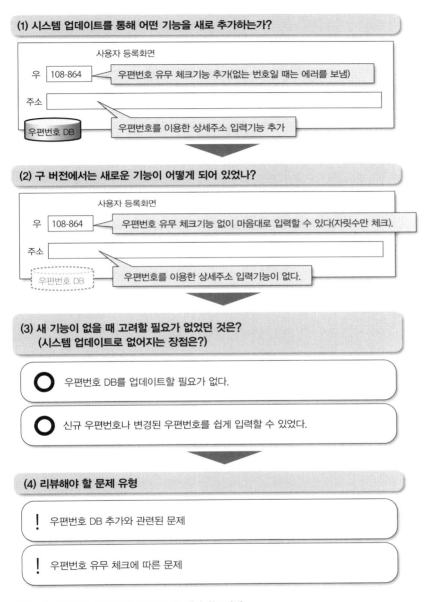

(1) 시스템 업데이트를 통해 어떤 기능을 새로 추가하는가?

사용자 등록화면

우 [108-864] ◁── 우편번호 유무 체크기능 추가(없는 번호일 때는 에러를 보냄)

주소 [   ]

우편번호 DB ── 우편번호를 이용한 상세주소 입력기능 추가

(2) 구 버전에서는 새로운 기능이 어떻게 되어 있었나?

사용자 등록화면

우 [108-864] ◁── 우편번호 유무 체크기능 없이 마음대로 입력할 수 있다(자릿수만 체크).

주소 [   ]

우편번호 DB ── 우편번호를 이용한 상세주소 입력기능이 없다.

(3) 새 기능이 없을 때 고려할 필요가 없었던 것은?
(시스템 업데이트로 없어지는 장점은?)

○ 우편번호 DB를 업데이트할 필요가 없다.

○ 신규 우편번호나 변경된 우편번호를 쉽게 입력할 수 있었다.

(4) 리뷰해야 할 문제 유형

! 우편번호 DB 추가와 관련된 문제

! 우편번호 유무 체크에 따른 문제

그림 4-3 유지보수 개발에서 시나리오를 생각하는 방법

그다음, 구 버전에서 위의 두 가지 기능이 없었기 때문에 고려할 필요가 없었던 부분을 생각해 본다. 가장 주목할 부분은 우편번호 DB이다. 구 버전에는 우편번호 DB가 없었기 때문에 우편번호 데이터를 업데이트할 필요도 없었다. 또한, 우편번호 DB가 없었기 때문에 신규 우편번호나 변경된 우편번호를 쉽게 입력할 수 있었다.

구 버전에서 고려할 필요가 없었던 이런 항목들을 바탕으로 문제 유형을 생각한다. '우편번호 DB 추가와 관련된 문제', '우편번호 유무 체크에 따른 문제' 등이 그렇다.

이렇게 문제 유형을 선정했다면 시나리오를 작성한다. 유지보수 개발에서 시나리오는 두 가지로 나누어 생각한다. 하나는 변경 및 추가 부분으로 범위를 좁힌 문제 유형을 검출하는 시나리오이다. 이 경우 일반 리뷰 방식과 같다고 생각하면 된다.

다른 하나는 변경 및 추가 부분의 정합성을 확인하는 시나리오이다. 정합을 맞출 대상으로는 앞서 언급한 '변경 및 추가 이외의 부분'과 '구 버전의 해당 부분'이 있다. 정합 여부를 검토할 시나리오를 생각할 때에는 구 버전의 문서(요구사항 명세서, 사양서, 설계문서)가 시스템의 최신 상태를 반영하고 있는지 반드시 조사한다. 내용이 갱신되지 않은 문서를 리뷰하는 것은 위험하다. 중요한 문제를 놓치거나, 이미 해결된 문제를 검출하는 헛된 수고를 할 가능성이 있다.

문서가 최신 상태가 아닌 경우에는 리더로서 대책을 강구한다. 기본적으로는 소스코드나 관련 문서를 기초로 해서 최신 상태로 문서를 갱신한다. 향후에도 장기간에 걸쳐 유지보수를 할 계획이 있다면 공수를 고려하여 문서를 갱신하기를 권한다. 최신 내용으로 갱신하기 어렵다면, 구 버전을 잘 아는 IT 엔지니어와 Q&A 시간을 가져 문서 대신 소스코드를 확인하는 방법도 있다.

시나리오를 작성했다면 리뷰어의 기술, 지식, 경험을 감안하여 시나리오를 분배한다. 유지보수 개발에서는 시스템 개발의 경위나 구 버전에 대해 잘 아는 리뷰어에게 구 버전과의 정합을 확인하는 시나리오를 분배하는 것이 적합하다(그림 4-4).

그림 4-4 **리뷰어에 따른 시나리오 분배방법**

② 문제 검출

리뷰어는 분배받은 시나리오에 따라 문제를 검출한다. 유지보수 개발에서도 마찬가지로 기술 누락, 고려사항 누락에 관한 시나리오를 먼저 검토한다. 단, 유사한 시나리오가 있어도 변경 및 추가 부분만으로 제한된 문제 검출과 구 버전과의 정합 관련 문제 검출을 함께 진행하지 않도록 한다. 후자는 구 버전의 문서 등을 참조할 필요가 있어 문제 검출 작업의 진행방법이 다르기 때문이다.

시나리오에 따라 문제 검출을 끝냈다면 어느 부분을 어떻게 확인했는지 구체적인 페이지 번호나 부部·장章·단락段落으로 설명할 수 있도록 체크한다. 유지보수 개발에서는 앞서 말한 바와 같이 문서가 시스템의 최신 상태를 반영하지 않은 경우가 있다. 그런 경우에는 문제 검출에 사용한 소스코드나 관련 문서의 해당 부분 등을 기록해 놓는다.

③ 문제 지적(리뷰회의)

유지보수 개발의 리뷰회의에서는 변경 및 추가 부분에 한정된 문제를 지적한다. 변경 및 추가 부분과의 정합과 관련된 지적은 그 이후에 한다. 변경 및 추가 부분 자체를 먼저 체크하지 않으면 정합 문제를 올바로 확인할 수 없기 때문이다.

유지보수 개발의 리뷰회의에서는 구 버전과의 정합에 관한 시나리오로 문제를 지적할 때 "엇, 이 실행 순서가 왜 A, B, C, D, E로 되었더라?", "이 파라미터는 왜 D의 두 배로 설정되어 있지?"와 같은 구 버전에 대한 많은 의문이 생긴다. 그런 의문점에 대해서 하나씩 해결해 나가야 중요한 문제를 놓치지 않는다.

그러한 의문은 준비된 문서나 소스코드를 토대로 조사하여 해결한다. 그래도 의문이 해결되지 않을 때는 구 버전에 대해 잘 알고 있는 IT 엔지니어에게 물어보자. 리뷰회의 자리에 관련 분야의 IT 엔지니어를 초대하면 순조롭게 진행된다. 만약, 구 버전에 대해 잘 아는 엔지니어가 리뷰회의에 참석하지 않은 경우에는 별도로 시간을 내어 해당 엔지니어와의 짧은 Q&A를 갖는다.

④ 수정 및 확인

마지막 단계로, 지적된 각각의 문제에 대해 수정을 담당하는 문서 작성자와 올바르게 수정되었는지 확인하는 리뷰어를 할당한다. 이때 리뷰어는 수정된 부분이 구 버전의 해당 부분과 정합성을 유지하는지 확인한다.

반복 개발

반복 개발에서는 원칙적으로 반복iteration마다 리뷰회의 준비, 문제 검출, 문제 지적, 수정 및 확인의 4단계를 거친다. 프로젝트에 따라 반복의 한 회는 단 몇 주 정도로 짧은 경우도 있다. 따라서 그에 맞춰 리뷰 시간을 짧게 잡아야 한다.

리뷰 시행시간을 짧게 하는 가장 큰 포인트는 시나리오를 줄이는 것이다. 검출하는 문제 유형을 줄이거나, 검토할 문서의 범위를 좁혀 가능한 한 짧은 시간에 리뷰를 끝낼 수 있도록 한다.

그렇게 빨리 끝내려고 노력해도 반복 개발에서는 리뷰 시간을 충분히 확보하기 어렵다. 그런 만큼 반복 개발의 특성을 살린 방식으로 리뷰를 진행해야 한다. 문제 재발 방지책을 충분히 검토하여, 다음 반복 시에 같은 문제를 만들지 않도록 한다. 재발 방지책은 반복할 때마다 되짚어보며 논의하고, 문제를 지적할 때는 짧게 논의한다.

애자일 개발

애자일 개발은 반복 개발의 한 종류로, 앞서 다룬 반복 개발의 리뷰 방식이 그대로 적용된다. 여기서는 애자일 개발에서 추가되는 주의점을 다룬다.

애자일 개발의 리뷰도 반복의 마지막에 실시한다. 단지 문제를 검출하여 수정하는 리뷰의 역할은 별도의 활동으로 일부 대체한다. 예를 들어, 페어 프로그래밍, 테스트 주도 개발, 지속적인 통합(테스트 자동화)의 경우 매일하는 회의가 리뷰의 역할을 일부 대체한다. 그와 같은 활동에서 어떤 문제 유형을 검출할지 생각하여 그 역할을 다 할 수 있도록 한다. 반복의 마지막에는 리뷰를 되짚어본다.

애자일 개발에서는 일반적으로 문서 작성보다 동작하는 프로그램의 개발에 주력한다. 그렇다고 반드시 리뷰 대상이 적은 것을 의미하지는 않는다. 원래 문서에 적혀 있는 내용은 소스코드나 동작하는 프로그램, 팀 멤버 간의 의사소통으로 공유된다. 따라서 리뷰의 시나리오를 생각할 때는 문서 외에도 무엇을 확인해야 하는지 검토한다.

패키지·클라우드 개발

"시스템을 동작시켜보지 않으면 어떤 장애가 발생할지 알 수 없기 때문에 요구사항 정의나 설계 단계에서 리뷰를 해도 소용없다" 패키지 소프트웨어packaged software 를 사용해 시스템을 개발하는 프로젝트에서에서는 이런 이유로 패키지와 관련한 리뷰를 포기하는 경우를 가끔 볼 수 있다.

분명히 패키지 소프트웨어의 대부분은 내부 구조를 명확히 알 수 없기 때문에 그것을 기초로 개발했을 때 어떤 문제가 일어날지 예측하기 어렵다. 그렇다고 해서 문서 리뷰를 하지 않는 것이 바람직한 것은 아니다. 적어도 데이터 교환 시의 정합이나 정상종료/이상종료 같은 실행 결과를 대상으로 하는 문제 유형에 대해 리뷰할 가치가 있다. 구체적으로는 '프로토콜의 정합성', '교환 데이터 형식의 정합성', '정상종료/이상종료의 검출방법' 등이 있다.

클라우드 서비스를 사용한 개발에서도 요구사항 명세서, 사양서, 설계문서 등의 문서 리뷰를 한다. 클라우드는 네트워크를 통해 이용하기 때문에 '네트워크 장애 탐지방법'이나 '네트워크 장애 시 대처방법'이 일반적인 문제 유형이 된다. 이외에도 '클라우드 자체의 장애 탐지방법', '클라우드 자체의 장애 시 대처방법'도 문제 유형에 넣는다. 만약, 확장성과 가용성이 중요한 시스템을 구축한다면 클라우드의 확장성, 가용성(정기적인 유지보수의 유무, 업데이트의 빈도와 시기)도 문제 유형에 넣는다. 이외에도 다음과 같은 문제 유형이 있다.

- OS나 미들웨어의 업데이트(PaaS의 경우)
- 메모리, CPU, 스토리지, 네트워크 같은 리소스를 더 많이 확보하는 방법(확보를 위해 이전이 필요한 경우에는 이전 방법)
- 필수적으로 로그나 데이터를 장기 보관해야 할 경우에는 외부로 로그나 데이터를 이전하는 방법

또, 라이센스나 과금의 형태에 따라서는 동시 접속 수나 데이터 전송량을 줄여 비용을 절감할 수 있다. 그러므로 비용의 증가가 치명적인 경우에는 '동시 접속 수'나 '데이터 전송량'과 같은 과금 기준을 문제 유형에 포함시킨다.

패키지나 클라우드를 사용한 개발의 범용적인 문제 유형을 표 4-1에 정리했다. 중요한 문제 유형을 생각하는 데 이를 참고하길 바란다.

표 4-1 개발에 사용하는 소프트웨어/서비스와 문제 유형

개발에 사용하는 소프트웨어/서비스	분류	문제 유형
패키지, 미들웨어, 라이브러리	실행 결과	정상종료/이상종료의 판단방법
		실행 결과를 받는 방법
	데이터 교환	인코딩 방법, 파일의 위치
		손상된 데이터 검출방법
	실행 중	실행 중단 방법
		중단 시 이어받기
	업데이트	업데이트 빈도
		업데이트 순서
	라이선스 형태	과금 규약에 적합한 시스템 구성
클라우드 서비스 (SaaS, PaaS, IaaS)	성능	확장성
		처리량
	가용성	정기 유지보수의 유무, 시기
		내결함성(fault tolerance)
	비용	과금 규칙에 적합한 시스템 구성이나 가동 시간
	지속성	서비스가 폐지될 가능성
		서비스가 폐지되었을 때의 대처
	이전(Migration)	지금까지 쌓인 데이터 양과 전송방법
		포맷 변환의 필요 유무
	보안	취약점 대응 소요시간과 대응 성과
		보안 문제 발생 시 원인 규명, 재발 방지 가이드

대규모 개발

대규모 개발에서는 기본적으로 서브시스템마다 팀을 나누는 것(이하 서브 팀)이 일반적이다. 그러므로 리뷰는 그 서브시스템별(즉, 서브 팀별)로 실시한다. 시나리오

에 따라서는 여러 서브시스템에 걸쳐 검토할 필요가 있다. 따라서 서브시스템별 리뷰와 서브시스템 간의 교차 리뷰도 함께 실시한다.

구체적인 순서를 따라가 보면, 먼저 시스템 아키텍처를 정하는 단계에서 2-1절에서 다룬 리뷰 준비를 한다. 각 서브시스템마다 리더가 문제 유형을 정한다. 각 리더는 문제 유형을 검토할 부분을 자신의 서브시스템 내에서 끝낼지, 여러 서브시스템에 걸쳐 확인할지 생각한다. 다른 서브시스템과 교차하여 확인해야 하는 문제 유형에는 표시를 해둔다. 자신의 서브시스템 내에서 끝낼 수 있는 문제 유형이라면 일반 리뷰와 똑같이 시나리오를 정한다.

다음으로, 모든 서브 팀의 리더가 모인 회의를 연다. 회의에서는 표시해 두었던 서브시스템 간 교차 확인이 필요한 문제 유형에 대해서 리더끼리 의논하여 시나리오를 만든다. 이때 시나리오는 리뷰어 각자가 나눠 맡을 수 있도록 검토할 범위가 각 서브시스템을 넘어서지 않도록 분할한다.

리뷰의 부담을 줄일 수 있는 방법 필요

대규모 개발의 리뷰에서 중요한 문제를 놓칠 경우 수정 공수가 커진다. 그래서 대규모 개발의 경우 시나리오가 늘어나는 경향이 있으며, 자연히 리뷰 부담이 커진다. 따라서 리뷰 부담을 줄일 수 있는 방법이 필요하다. 예를 들면, 포괄적인 문제 검출을 확인하기 쉽게 문서의 기재 방법이나 서식을 서브시스템 간에 통일한다. 또, 설계할 때 서브시스템끼리 가능한 한 느슨한 결합 상태(하나의 서브시스템을 변경해도 다른 서브시스템에 영향이 적은 상태)가 되도록 한다. 그러면 서브시스템을 교차하여 확인하는 시나리오를 줄일 수 있다.

문제 검출, 문제 지적은 서브 팀별로 나눠 일반 리뷰와 동일하게 진행한다. 단, 서브 팀별로 여는 리뷰회의에서는 서브시스템을 교차하는 시나리오에 대해 포괄적인 문제 검출을 할 수 없다. 그래서 별도로 모든 서브 팀의 리더와 각 시나리오에 관계된 리뷰어가 모여 회의를 한다. 그 회의에서는 서브시스템을 교차하는 시나리오에 대해서 포괄적인 문제 검출을 마지막으로 확인한다. 서브시스템을 교차하는 시나리오가 적을 경우에는 이 회의를 생략해도 상관없다.

또한, 대규모 개발에서는 모든 서브 팀이 가벼운 문제, 중간 정도의 문제, 중요한 문제를 정의하여 기록방법과 포맷을 사전에 통일해 두는 것도 중요하다.

정리

- 유지보수 개발에서는 '변경 및 추가 부분'과 '그 밖의 부분'의 정합성, '변경 및 추가 부분'과 '구 버전의 해당 부분'의 정합성이 중요한 리뷰 관점이다.
- 반복 개발에서는 다음의 반복을 위해 문제 재발 방지책을 충분히 검토한다.
- 패키지·클라우드를 사용한 개발에서도 데이터를 주고받는 방법, 정상종료/이상종료의 검출방법 같은 문제 유형에 대해 리뷰한다.

리뷰 관점의 축소 효과

A-1 리뷰 관점을 축소함으로써 수정 공수가 줄어드는 효과

A-1

리뷰 관점을 축소함으로써
수정 공수가 줄어드는 효과

중요한 문제를 빠짐없이 검출하는 방법 중 하나가 리뷰 관점을 축소하는 것이다. 그러면 리뷰 관점을 좁혀서 중요한 문제 검출 수를 얼마나 늘릴 수 있을까? IT 엔지니어의 도움을 얻어 실제로 시험한 결과를 소개한다.

요구사항 명세서, 사양서, 설계문서의 팀 리뷰를 실시했을 때 오탈자 같은 사소한 문제만 검출하고, 정작 테스트에 들어가서 수정 공수가 큰 장애(문제)가 몇 개씩 발견되는 일이 있다. 시스템 구축 프로젝트에서는 요구사항 명세서, 사양서, 설계문서의 리뷰에 소비하는 시간이 한정되어 있고 대부분 그 시간은 충분하지 않다. 그러므로 리뷰에서 사소한 문제에 시간을 들이는 것은 결코 바람직하지 않다.

원래 리뷰에서 주력해야 할 일은 중요한 문제를 많이 검출하는 것이다. 중요한 문제란 리뷰에서 놓쳐 테스트에서 검출했을 때 수정 공수가 늘어나는 것이며, 치명적인 문제라도 테스트에서 검출 시 수정 공수가 늘어나지 않는 문제는 포함되지 않는다는 점에 주의해야 한다. 중요한 문제도 아니고 사소한 문제도 아닌 중간 정도의 문제는 '회색 문제*'라고 하자.

리뷰 관점을 줄이면 중요한 문제의 검출 수가 늘어난다

리뷰 관점을 좁힘으로써 수정 공수를 줄일 수 있는 중요한 문제를 더 검출할 수 있다. 예를 들어, 다른 시스템과의 연동에 관련된 기술적 리스크가 높은 프로젝트에서는 '다른 시스템과의 연동에 관한 문제의 검출에 집중한다'는 의식을 갖고 리뷰를 한다. 그 경우 줄어든 리뷰 관점에서 벗어난 문제는 놓치기 때문에 역효과라고 여길 수도 있다. 그래도 사소한 문제를 검출하는 데 소비하는 시간이 줄고, 리뷰 관점에 따른 중요한 문제의 검출이 늘어나기 때문에 종합적으로 볼 때 리뷰에 따른 수정 공수를 줄일 수 있다고 생각한다.

그러면 실제로 리뷰 관점을 좁혀서 검출된 중요한 문제의 수는 얼마나 늘고, 수정 공수는 얼마나 줄었을까? 이를 알아보기 위해 두 가지 검증을 실시했다(그림 A–1). 먼저 결과를 보면, 첫 번째 검증①에서는 중요한 문제의 검출 건수가 약 1.4배로 증가했으며(그림 A–2), 두 번째 검증②에서는 리뷰에 따른 수정 공수 저감 효과가 2.3배로 늘었다.

---

* 오탈자처럼 사소한 문제는 아니지만, 검출해도 수정 공수를 줄이는 데 효과가 없는 문제가 있다. 예를 들어 '화면 레이아웃 부적절'이란 문제는 테스트에서 발견해도 쉽게 대응할 수 있다. 이런 종류의 문제는 중요한 문제에 비하면 우선순위가 낮다. 그래서 여기서는 사소한 문제 및 중요한 문제와 구별하여 '회색 문제'라고 한다.

(A) 리뷰 관점을 좁히지 않음

리뷰 관점을 좁히지 않고
문제를 지적한다.

리뷰어 5명인 팀X2

이 영어 철자가
틀리지 않았나요?

시스템
요구
사양서

(B) 리뷰 관점을 정성적으로 좁힘

팀에서 의논하여 (정성적인) 리뷰 관점을
결정한 후에 문제를 지적한다.

리뷰어 5명인 팀X2

SaaS이기 때문에 보안
리뷰 관점이 중요하지요.

시스템
요구
사양서

좁힌 리뷰
관점

검증 항목

A와 B에서 검출된 문제를
중요도별로 나누었을 때
문제 검출 건수에 어떤
차이가 있는가?

중요도 낮음

· 사소한 문제

· 회색 문제

· 중요한 문제

중요도 높음

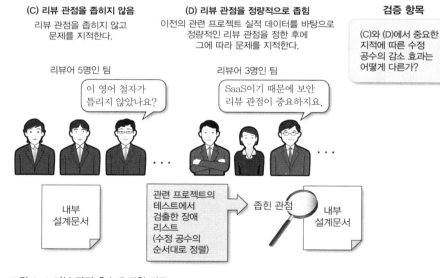

(C) 리뷰 관점을 좁히지 않음

리뷰 관점을 좁히지 않고
문제를 지적한다.

리뷰어 5명인 팀

이 영어 철자가
틀리지 않았나요?

내부
설계문서

(D) 리뷰 관점을 정량적으로 좁힘

이전의 관련 프로젝트 실적 데이터를 바탕으로
정량적인 리뷰 관점을 정한 후에
그에 따라 문제를 지적한다.

리뷰어 3명인 팀

SaaS이기 때문에 보안
리뷰 관점이 중요하지요.

관련 프로젝트의
테스트에서
검출한 장애
리스트
(수정 공수의
순서대로 정렬)

좁힌 관점

내부
설계문서

검증 항목

(C)와 (D)에서 중요한
지적에 따른 수정
공수의 감소 효과는
어떻게 다른가?

그림 A-1 리뷰 관점 축소에 관한 검증

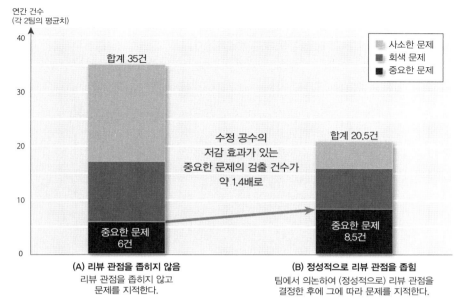

연간 건수
(각 2팀의 평균치)

사소한 문제
회색 문제
중요한 문제

합계 35건

수정 공수의
저감 효과가 있는
중요한 문제의 검출 건수가
약 1.4배로

합계 20.5건

중요한 문제
6건

중요한 문제
8.5건

(A) 리뷰 관점을 좁히지 않음
리뷰 관점을 좁히지 않고
문제를 지적한다.

(B) 정성적으로 리뷰 관점을 좁힘
팀에서 의논하여 (정성적으로) 리뷰 관점을
결정한 후에 그에 따라 문제를 지적한다.

그림 A-2 정성적으로 리뷰 관점을 줄인 검증①의 결과
시스템 요구사양서를 리뷰할 때 '먼저 팀에서 의논하여 리뷰 관점을 설정'한 결과, 수정 공수를 줄이는 '중요한 문제'의 검출 건수가 약 1.4배로 늘었다.

검증①은 '정성적으로' 리뷰 관점을 좁힌 것이다. 정성적이란, 리뷰어의 경험이나 감각을 바탕으로 문제를 검출하는 것을 말한다. 리뷰 대상인 시스템 요구사양서의 내용을 토대로 리뷰어끼리 어떤 리뷰 관점으로 좁힐 것인지 의논한 후에 그 리뷰 관점에 따라 문제를 검출했다. 다른 리뷰어 팀은 리뷰 관점을 좁히지 않은 채 같은 시스템 요구사양서를 리뷰하여 중요한 문제의 검출 건수가 얼마나 다른지를 조사했다.

또 다른 검증②에서는 리뷰 관점을 '정량적으로' 좁힘으로써 수정 공수가 얼마나 줄어드는지 알아보았다. 정량적이란, 리뷰어의 경험이나 감각에만 의존하지 않고 데이터를 활용하는 것을 말한다. 리뷰 대상은 데이터 처리 소프트웨어의 내부 설계문서이다. 이전에 실시한 관련 프로젝트의 테스트 결과 데이터로부터 어떤 장애로 큰 수정 공수가 발생했는지 조사하여 리뷰 관점을 좁혔다. 그렇게 정량적으로 줄인 리뷰 관점에 따라 리뷰를 진행한 팀과 리뷰 관점을 좁히지 않고 리뷰를 진행한 팀으로 나눠, 문제 검출에 따른 수정 공수가 어떻게 변했는지 조사했다.

계속해서 이 두 가지 검증 내용과 결과를 자세히 소개한다. 또한, 리뷰 관점의 단순한 축소 규칙을 설정한 경우의 리뷰 검증도 진행하였으니 함께 참조하길 바란다.

검증① 정성적으로 리뷰 관점 줄이기 - 중요한 문제의 검출 건수가 1.4배로

검증①은 내가 강사로 근무했던 리뷰 세미나의 수강자인 IT 엔지니어들의 도움을 받아 실시했다. 순서는 다음과 같다.

먼저, 5명이 한 팀을 이루는 4개(갑·을·병·정)의 팀을 만들었다. 각 팀 리뷰어의 역량은 가능한 한 균일하게 나누었다. 이 실험에서는 전원에게 IT 엔지니어 연차(경력)를 물어 4개 팀 리뷰어의 연차가 거의 같도록 나눴다. '갑'과 '을' 팀은 리뷰 관점을 줄이지 않는다는 전제로 리뷰를 진행했고, '병'과 '정' 팀은 정성적으로 리뷰 관점을 줄여 리뷰를 진행했다.

리뷰를 진행하기 위해 준비한 문서는 이벤트 관리 시스템의 요구사양서이다(그림 A-3). 이 시스템은 무료 SaaS^{Software as a Service}로, 누구나 웹 브라우저에서 이용할 수 있다는 것을 가정하고 있다. 콘서트나 연회의 주최자가 이벤트를 등록하고, 참가 희망자가 예약을 신청하기 위한 시스템이다. 실제 프로젝트에서 작성된 요구사양서(테스트에서 발견한 장애를 수정한 완성본)를 바탕으로 오탈자처럼 가벼운 문제 외에, '패스워드를 암호화하지 않고 저장할 가능성이 있다' 같은 SaaS 시스템에 관한 중요한 문제를 여러 개 심어놓았다.

1 개요
이 시스템의 받아들일 수 '이벤트에 모집마감', '첨 '이벤트 참가 에서 확인할

2 시스템 관리
시스템 관리 할 수 없다. 시 항목지정 페이

- 이벤트명
  전각 국
- 모집마감
  YYYYM
  보충한다
- 모집인수
  반각숫자
- 이벤트명
  위의 3형

이벤트 작성시 입력된 항목 페이지 항목 없을 경우에는 가 시스템 시스템 관리 이 문서 '2 자용 계정 참가자 페이지

3 이벤트 관리
이벤트 관리 리자에게 표시 면의 URL /cgi-bin/en 자로부터 쉽 이벤트 관리

- 참가신청
  '2 시스템
  신청마감일
- 최대참가인
  '2 시스템
  명수를 표시
- 이벤트명
  '2 시스템
  명을 표시
- 등록완료
  4장에서
  의 ID를

4 이벤트 참가자 페이지
이벤트 참가자 페이지에서는 등록항목 지정 페이지, 등록 확인 페이지, 등록 완료 페이지의 3페이지로 구성되며, 등록항목 지정 페이지는 이벤트 관리자가 이벤트 참가자에게 이 시스템 이외의 수단을 이용하여 전달하도록 한다. 이벤트 참가자 페이지에 사용자명, 패스워드는 표시할 필요 없다.

등록항목 지정 페이지(/cgi-bin/XXXXXX/index.cgi)
등록항목 지정 페이지는 '2 시스템 관리자 페이지'에서 지정한 신청 마감일을 넘었을 경우, 또는 모집인 수를 넘었을 경우에는 표시되지 않는다. 이벤트 참가자는 아래의 항목을 지정하여 등록 버튼을 누르면 등록 확인 페이지로 넘어갈 수 있다.

- 이름
  20자 이내의 국/영문, 숫자, 기호.
- 주소
  50자 이내의 국/영문, 숫자, 기호.
- 메일 주소
  50자 이내의 영문, 숫자, 기호.
- 전화번호
  10자 이내의 영문, 숫자, 기호(−은 포함하지 않음).
- 개요
  50자 이내의 국/영문, 숫자, 기호.

등록 확인 페이지(cgi−bin/XXXXXX/registration_confirm.cgi)
입력된 항목이 '등록항목 지정 페이지'에서 표시된 사양을 만족하며, '2 시스템 관리자 페이지'에서 지정한 신청 마감일을 넘기지 않은 경우, 이 페이지를 통해 등록정보의 내용을 이벤트 참가자에게 보여준다.
이벤트 참가자는 확인 버튼을 누르면 등록 완료 페이지로 넘어갈 수 있다.

등록 완료 페이지(cgi−bin/XXXXXX/registration_cgi)
입력된 항목이 '등록항목 지정 페이지'에서 표시된 사양을 만족하며, '2 시스템 관리자 페이지'에서 지정한 신청 마감일을 넘기지 않고, 모집인 수를 넘지 않은 경우 등록정보를 기록하고 등록정보와 함께 '본인 확인용 ID'를 제시한다.

4

그림 A−3 검증①에서 리뷰한 요구사양서
이벤트 관리 시스템의 요구사양서로 '개요', '시스템 관리자 페이지', '이벤트 관리자 페이지', '이벤트 참가 페이지'로 구성되어 있다.

두 팀씩 조건을 바꿔 리뷰

리뷰 관점을 줄이지 않은 갑과 을 팀(이를 A팀으로 나타낸다)은 항상 해왔던 방식으로 리뷰를 한다. 두 팀 모두 먼저 리뷰어 각자가 요구사양서를 한 번 훑어보고, 그 후에 검출한 문제를 하나씩 지적해 나갔다. 필자가 옆에서 지켜본 바로는 별도의 리뷰 관점을 설정하려는 시도 없이 발견한 문제를 순조롭게 지적해 나가는 모습이었다. 그렇게 지적한 문제는 미리 배포한 문제기록표에 리뷰어가 전부 기입했다. 리뷰 제한시간은 40분으로 정하고, 시간이 종료되면 문제기록표를 회수했다.

한편, 병과 정 팀(이를 B팀으로 나타낸다)은 다음 조건에 따라 리뷰를 진행했다. 우선, 팀에서 의논하여 수정 공수를 줄일 수 있는 리뷰 관점을 세우고, 그 리뷰 관점에 따라 문제를 지적한다는 조건이다. 두 팀은 각각 어떤 리뷰 관점으로 정할지 의논한 끝에, 두 팀 모두 '보안'을 리뷰 관점으로 설정했다*. 대상 시스템은 SaaS이며, 인터넷상에 공개된 서비스이기 때문에 보안 문제가 생기기 쉬울 것이다. 그런 의미에서 적절한 리뷰 관점을 선정했다고 볼 수 있다. 그렇게 리뷰 관점을 설정한 후, 두 팀은 각각 문제를 검출하기 시작했다. 리뷰 관점에 맞지 않는 문제를 지적하는 리뷰어도 있었지만, 대체로 보안 관련 문제에 집중하려는 것을 알 수 있었다.

리뷰에서는 표 A-1과 같은 문제가 검출되었으며, A, B팀의 결과는 그림 A-2와 같다. 문제 검출 건수의 합(평균치)은 리뷰 관점을 줄이지 않은 A팀이 35건인데 반해, 리뷰 관점을 줄인 B팀은 20.5건이었다. 그러나 중요한 문제로 주목해 보면 B팀이 8.5건으로 A팀의 약 1.4배였다. 특히, 보안과 관련한 중요한 문제는 거의 모두 검출했다.

---

* 검증①에서는 관점을 결정하는 참고 자료로 ISO9126의 품질특성과 그 설명이 적힌 자료를 배포했다. 리뷰어들은 이 참고 자료를 토대로 인터넷 서비스에서 중요한 '보안'을 리뷰 관점으로 결정한 것 같다.

표 A-1 검증①의 리뷰에서 지적한 문제

검증①의 문제기록표에서 대표적인 예를 발췌했다. (1)~(3)은 A팀이, (4)~(6)은 B팀이 지적한 문제이다.

문제 수준	문제 내용	수정 공수의 감소 효과(이유)
사소한 문제	(1) '신청'과 '신청하기'가 섞여 있다.	없음(수정 공수는 무시할 수 있는 범위)
	(2) 일부 글자의 폰트가 크다.	없음(수정 공수는 무시할 수 있는 범위)
회색 문제	(3) 사용자 계정의 표시 위치를 알기 어렵다.	없음(테스트에서 발견해도 수정이 쉽다)
	(4) '뒤로' 버튼이 있는 게 낫다.	없음(브라우저의 '뒤로' 버튼을 대신 사용할 수 있다.)
중요한 문제	(5) 사용자의 패스워드를 암호화하지 않고 저장할 가능성이 있다.	있음(사용자의 패스워드를 암호화하는 사양이 빠져있었다.)
	(6) URL의 일부가 되는 이벤트별 ID를 추측하기 어려운 값으로 해야 할 필요가 있다. 특히 ID가 연속된 숫자일 경우 보안상 문제가 된다.	있음(추측하기 어려운 이벤트 ID를 결정하는 사양이 빠져있었다.)

B팀인 병과 정 팀은 보안으로 리뷰 관점을 축소하여 시야는 좁아졌지만, 그만큼 보안과 관련된 중요한 문제에 집중할 수 있었다. 그 결과, A팀보다 수정 공수를 줄이는 데 더 효과적인 리뷰가 되었다.

검증② 정량적으로 리뷰 관점 줄이기 - 2.3배의 수정 공수 저감 효과

검증②에서는 정량적으로 리뷰 관점을 결정하여 수정 공수가 얼마나 줄었는지 측정했다. 도시바 디지털 미디어 엔지니어링 주식회사의 도움을 받아, 영상 및 음성 데이터 처리 소프트웨어 X의 개발 프로젝트에서 내부 설계문서를 리뷰했다. 이 프로젝트는 이미 개발된 소프트웨어 S에서 파생하여 소프트웨어 X를 개발한다.

검증②는 정량적으로 리뷰 관점을 정하는 것부터 시작했다. 소프트웨어 X의 기반이 된 소프트웨어 S의 신규 개발, 파생 개발 프로젝트의 테스트에서 나온 문제 관리표 350건을 실적 데이터로 선정하여 활용했다. 문제관리표는 '문제 내용', 발생한 '수정 공수' 등을 기록하는 것으로, 서브시스템 카테고리, 개발 담당자, 원인 유형, 검사 유형(테스트 유형)과 같은 속성으로 이루어져 있다. 이 실적 데이터를 바탕으로 속성 항목에 주의하여 여러 가지 리뷰 관점을 설정한다.

속성 항목별로 세 가지 척도, 즉 문제의 발생빈도(모든 문제의 몇 %에 해당하는가), 수정 공수, 수정 공수 분포도(표준편차)가 리뷰 관점을 정하는 기준이 된다. 예를 들어, '검사 유형=에러 계열'인 문제의 발생빈도가 높았다면, 에러 계열의 테스트에서 발견한 문제 유형을 리뷰 관점으로 하면 된다.

이 검증에서는 더욱 심층적으로 실적 데이터를 분석하기 위해 속성 항목을 조합한 약 1만 7천 건의 문제 발생 규칙(예를 들어 '개발 담당자 ID=15'이며 '검사 유형=에러 계열')을 설정하여 각 규칙에 따라 발생빈도, 수정 공수, 수정 공수 분포도의 척도를 수치로 산출했다. 문제 발생 규칙에서 이 세 가지 척도 중 수치가 특히 높은 것을 수십 건 뽑아내어 표로 정리했다(그림 A-4의 왼쪽).

이 문제 발생 규칙 표를 토대로 소프트웨어 S, X에 대해 상세히 아는 IT 엔지니어와 논의하여 리뷰 관점을 결정했다. 예를 들어, '검사 유형=에러 계열'을 포함한 규칙이 두드러지게 나타났으므로 에러 계열과 깊은 관계가 있는 '예외 처리', '특수 입력'을 리뷰 관점으로 정할 수 있다. 여기서는 예외 처리, 초기화, 특수 입력, 배타적 영역 처리, 유스 케이스의 다섯 가지 리뷰 관점을 설정했다(그림 A-4의 오른쪽).

■ 이전의 장애 관리표에서 추출한 문제(장애)의 발생 규칙

문제 발생 규칙	발생 빈도	수정 공수	수정 공수 분포도
'서브시스템 카테고리=MW(P)' 및 '원인 유형=내부 설계 실수'	3.80%	6.62인일	1.26
'담당자=15' 및 '검사 유형=에러 계열'	3.50%	6.33인일	1.50
'원인 유형=내부 설계 누락'	10.20%	5.68인일	2.09
'서브시스템 카테고리=MW(F)' 및 '검사 유형=에러 계열'	4.40%	5.67인일	2.29

■ 설정한 리뷰 관점

리뷰 관점	설명
예외 처리	빠짐·누락 등 예외 처리가 적절히 되어있는지 확인한다.
초기화	기능이나 함수의 사용 전에 파라미터의 초기화가 적절히 되어있는지 확인한다.
특수 입력	에러 계열로 분류될 것 같은 특수한 입력 데이터/파라미터를 설정했는지, 그에 따른 문제가 없는지 확인한다.
배타적 영역 처리	배타적 영역 처리의 필요성을 검토하고, 실현되고 있는지 확인한다.
유스 케이스	유스 케이스와 대조하여 실행 순서를 확인한다.

표를 보면 에러 계열에서 발생하는 장애(문제)가 눈에 띄는군. 예외 처리나 특수 입력을 중점적으로 살펴봐야겠어.

리뷰할 소프트웨어를 자세히 아는 전문가

그림 A-4 검증②의 정량적으로 리뷰 관점 줄이기
검증②에서는 리뷰할 소프트웨어의 이전 프로젝트 테스트에서 검출한 문제(장애) 데이터를 바탕으로 리뷰 관점을 설정했다. 서브시스템 카테고리, 개발 담당자, 원인 유형, 검사 유형 같은 단면으로, 발생빈도, 수정 공수의 평균, 수정 공수의 분포도 중 특히 높은 문제 발생 규칙을 정리하여 그 결과를 바탕으로 리뷰어가 아닌 다른 전문가와 의논하여 리뷰 관점을 결정했다.

리뷰의 공수가 반으로 줄어드는 효과도 있다

실제로는 먼저 IT 엔지니어 5명을 C팀으로 편성하여 리뷰 관점을 설정하지 않고 소프트웨어 X의 내부 설계문서를 리뷰했다. 개별적으로 문서를 읽고 검출사항을 문제기록표에 적는다. 리뷰는 한 사람당 약 72분(1.2시간)이 걸렸고(리뷰 공수는 6인시=1.2시간×5명), 리뷰에 따른 수정 공수가 7인일*이 줄어들 것으로 예상했다.

---

* [역주] 한 사람의 하루 동안의 작업량

한편, 앞의 다섯 가지 리뷰 관점으로 리뷰를 진행한 IT 엔지니어 3명을 D팀으로 편성했다. 세 명의 각 전문 분야를 고려하여 다섯 가지 리뷰 관점을 분배했다. 한 사람은 예외 처리, 초기화, 유스 케이스를, 두 번째 사람은 특수 입력, 초기화, 배타적 영역 처리를, 세 번째 사람은 예외 처리, 배타적 영역 처리를 맡았다. 세 리뷰어에게는 분배받은 리뷰 관점에 따라 각자 내부설계문서를 리뷰하여 검출사항을 문제기록표에 기입하도록 했다. 리뷰는 한 사람당 약 한 시간이 걸렸고(리뷰 공수는 3인시=1시간×3명), 리뷰에 따른 수정 공수는 C팀보다 높은 수치인 16인일이 줄어들 것으로 예상했다(그림 A-5).

	리뷰 관점을 좁히지 않음		정량적으로 리뷰 관점을 좁힘
리뷰 공수	6인시	리뷰 공수는 절반	3인시
리뷰어 인원수	5명		3명
리뷰에서 놓친 문제를 테스트에서 검출한 경우에 예상되는 수정 공수	7인일	2.3배의 수정 공수 저감 효과	16인일

그림 A-5 검증②의 정량적으로 리뷰 관점을 축소한 결과
관련 프로젝트에서의 실적 데이터를 바탕으로 리뷰 관점을 축소한 결과, 리뷰 공수가 절반으로 줄었으며, 수정 공수의 감소 효과는 약 2.3배로 높아졌다.

효과를 비교해 보면, 정량적으로 리뷰 관점을 줄인 D팀에서는 C팀에 비해 수정 공수가 약 2.3배 줄어들었다. 또한, 리뷰 공수도 반으로 줄었다. 정확하게는 D팀에서 리뷰 관점을 설정할 때의 공수도 고려할 필요가 있지만 실질적으로는 무시할 수 있는 수준이다.

내가 느낀 바로는 정량적인 리뷰 관점 축소는 정성정인 축소보다 그 효과가 월등히 컸다. 다만, 정량적인 축소를 실현하기 위해서는 조직적으로 테스트 문제관리표를 만들고 데이터를 끊임없이 정비하여, 그것을 바탕으로 중요한 문제의 유형을

추측하고 리뷰 관점을 설정해야 한다. 그런 점에서 보면, 정성적인 리뷰 관점 축소가 더 실현하기 쉽다.

여기서는 시나리오를 설정하지 않고 문제를 검출한 결과를 나타냈지만, 리뷰 관점을 좁히는 것은 리뷰에서 검출하는 문제 유형을 설정하는 것과 같다. 따라서 시행 결과는 문제 유형 설정에 따른 효과를 나타낸다고도 할 수 있다.

오탈자를 무시하면 중요한 문제 검출에 집중할 수 있다

리뷰에서는 적절한 리뷰 관점(또는 시나리오)을 설정하는 것이 중요한데, 적절한 리뷰 관점을 정하는 데 어려움을 겪는 경우도 있을 것이다. 그래서 '표기 관련 문제는 거론하지 않는다'라는 간단한 규칙을 정하는 것만으로 리뷰 결과가 어떻게 변하는지 검증해 보았다. 이는 어느 리뷰 세미나에서 시도한 것으로, 연습 삼아 진행한 실험이라 효과 검증의 정밀성은 떨어지지만, 흥미로운 결과가 나왔기 때문에 여기에 소개한다.

리뷰할 문서로는 웹 시스템 관련 요구사양서를 두 가지 준비했다(두 가지 모두 표지를 제외하고 A4 용지 4쪽 정도). 하나는 '테니스 코트 예약 시스템', 다른 하나는 '스터디 모임 신청 시스템'의 요구사양서이다. 두 사양서 모두 오탈자와 더불어 아래와 같은 중요한 문제 몇 가지를 의도적으로 심어두었다.

테니스 코트 예약 시스템 사양서에 심어놓은 중요한 문제

- 테니스 코트의 관리자는 열쇠를 가지러 온 사원이 예약자 본인이라는 사실을 확인할 수 없다.
- 일단 예약하면 취소할 방법이 없다.
- '올바르지 않은 날짜'라는 표현이 있는데, 이를 정의하지 않았다.

스터디 모임 신청 시스템 사양서에 심어놓은 중요한 문제

- '참가 인원수의 상한을 넘기면 신청 접수를 정지한다'는 내용이 없다.
- 신청 시 ID 및 패스워드의 인증방법에 대한 내용이 없다.
- 참가 신청 목록 페이지에 표시하는 정보가 정의되어 있지 않다.

이와 같은 조건에서 리뷰를 2회 실시하였다. 세미나에 참가한 일반 IT 엔지니어 32명이 2회의 리뷰에 똑같이 참여하였다. 첫 번째 리뷰에서는 참가자 모두에게 테니스 코트 예약 시스템의 사양서를 배포하고, "리뷰해 주십시오"라는 말만 전달한 후 각자 문제를 검출하게 했다. 리뷰는 모든 참가자가 충분히 문제를 검출했다고 판단될 때까지 진행하여 20분 후에 마쳤다.

두 번째 리뷰는 리뷰에 따른 수정 공수의 감소 효과를 설명한 후에 실시했다. 스터디 모집 신청 시스템의 사양서를 배포하면서 "대부분의 표기 관련 문제는 테스트에서 발견해도 수정 공수가 거의 늘어나지 않는다"라는 사실을 전달하고, 표기 관련 문제를 지적하지 않는 규칙을 정했다. 리뷰는 1회 때와 마찬가지로 20분에 걸쳐 참가자 전원에게 개별 리뷰를 받았다.

그림 A–6이 그 결과이다. 첫 번째보다 두 번째 리뷰에서 표기 관련 문제를 덜 검출하였음을 알 수 있다(24.4%가 6.7%로 줄었다). 사실 두 리뷰는 리뷰 대상이 다르므로 단순 비교를 하기에는 어려움이 있으나, 표기 이외의 문제가 모두 중요한 문제라고도 할 수 없다. 당시 세미나 강사였던 내 느낌으로는 두 번째 리뷰에서 리뷰어가 중요한 문제에 두드러지게 집중하고 있었다. 분명 그 효과는 크다고 생각한다.

첫 번째 리뷰 리뷰 관점을 좁히지 않음
리뷰 관점을 좁히지 않고 문제를 검출했다.

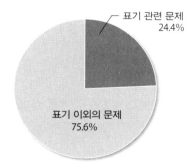

두 번째 리뷰 표기에 대한 문제는 검출하지 않음
오탈자, 잘못된 단어 쓰임새와 같은 표기에 관한 문제는 검출하지 않는다는 규칙을 정한다.

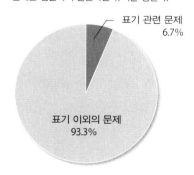

그림 A–6 단순한 리뷰 관점 축소의 검증 결과

이처럼 '표기 관련 문제는 검출하지 않는다'라는 단순한 리뷰 관점 축소의 효과를 검증했다. 웹 시스템의 요구사양서를 리뷰 대상으로 검증한 결과, 표기 관련 문제의 비율이 17.7%(=24.4–6.7) 줄어 표기 이외의 중요한 문제에 집중할 수 있음을 알았다.

이 책에서는 리뷰의 순서와 마인드(마음가짐)를 구체적으로 나타냈다. 그중 마인드에 관해 꼭 전하고 싶은 말이 있다. "제임스, 가끔 남에게 도움이 되는 일을 하면 어때? 남을 도우면 깜짝 놀랄 만큼 기분이 좋아져" 바로 꼬마 기관차 토마스가 친구를 타이르기 위해 하는 말이다. 리뷰는 함께 시스템을 구축하는 동료를 돕는 일이다. 게다가 그로 인해 자신도 함께 성장할 수 있다. 이러한 리뷰가 지극히 가치가 높은 작업임을 알아주길 바란다.

이 책을 집필할 수 있었던 것은 많은 분의 협력이 있어 가능했다. 부록으로 게재한 두 가지 실험과 오탈자 지적을 제외한 리뷰 실험에서 IT 엔지니어 100여 분의 협력을 받았다. 모두에게 감사의 말을 전한다. 또한, 데이터를 바탕으로 한 공동연구에 참가한 분과 리뷰 기술의 향상을 위한 의견과 리뷰에 대한 온라인 설문 조사에 대답해준 모든 분께 감사의 말을 전한다.

리뷰는 아직 개선의 여지가 있다. 향후에도 IT 엔지니어분의 협력을 얻어, 시험을 통해 더욱 개선된 리뷰 순서와 노하우를 밝혀나가겠다. 그 결과는 필자의 연구실 웹을 비롯해 기사나 블로그 등에 공개할 예정이다.

이 책을 집필하게 된 계기는 닛케이 시스템즈(日経SYSTEMS)의 나카야마 히데오(中山秀夫)씨에게 '효과적인 리뷰 방법을 상세하게 순서화하고 싶다'는 매우 어려운 의뢰를 받았기 때문이었다. 그리고 나 역시 이 책을 집필하며 나카야마 씨에게 몇 가지 지적을 받았다. 효과적인 리뷰를 하는 것은 분명 쉽지 않다. 그러나 그만큼 큰 개선의 여지가 있다. 이 책이 바로 독자 여러분의 리뷰를 개선하는 계기가 되길 바란다.

모리사키 슈지

참고문헌

[1] L.G. Votta, "Does Every Inspection Need a Meeting?" SIGSOFT Software Engineering Notes vol. 18, no. 5, pp. 107-114(1993)

[2] IEEE 1028-2008 Standard for Software Reviews and Audits(2008)

[3] M. E. Fagan "Design and Code Inspections to Reduce Errors in Program Development", IBM Systems Journal, vol. 15, no. 3, pp. 182-211(1976)

[4] S. Kusumoto, K. Matsumoto, T. Kikuno, K. Torii, "A New Metrics for Cost Effectiveness of Software Reviews", IEICE Transactions on Information and Systems, vol. E75-D, no. 5, pp. 674-680(1992)

[5] A. A. Porter, L. G. Votta, "An Experiment to Assess Different Defect Detection Methods for Software Requirements Inspections" In Proceedings of the 16th International Conference on Software Engineering, pp. 103-112(1994)

[6] V. R. Basili, S. Green, O. Laitenberger, F. Lanubile, F. Shull, L. S. Sorumgard, M. V. Zelkowitz, "The Empirical Investigation of Perspective-Based Reading" Journal of Empirical Software Engineering vol. 1, no. 2, pp. 133-164(1996)

[7] T. Thelin, P.Runeson, B. Regnell, "Usage-Based Reading – An Experiment to Guide Reviewers with Use-Cases", Information and Software Technology, vol. 43, no. 15, pp. 925-938(2001)

[8] J. Martin, W. T. Tsai, "N-Fold Inspection: A Requirements Analysis Technique" Communications of ACM vol. 33, no. 2, pp. 225-232(1990)

[9] J. C. Knight, E. A. Myers, "An Improved Inspection Technique" Communications of ACM vol. 36, no. 11, pp. 51-61(1993)